ELOGIOS PARA
LA GUÍA DE ORACIÓN DEL GUERRERO ESPIRITUAL

Mis amigas de hace mucho tiempo, Quin y Ruthanne, proporcionan aquí pautas prácticas para equipar a los intercesores a fin de que sean más estratégicos y eficaces en el uso de la Palabra de Dios en la guerra espiritual. El arsenal que brindan las Escrituras, dividido según numerosos temas, brinda al lector los versículos más pertinentes que deben emplearse en oración en una situación dada. *La guía de oración del guerrero espiritual* es un recurso valioso para la biblioteca de todo intercesor.

ELIZABETH ALVES
Autora del éxito de ventas *Becoming a Prayer Warrior*, Bulverde, Texas

La guía de oración del guerrero espiritual tiene un título tan apto como lo es su redacción. Todo cristiano guerrero de oración deseará tener este libro como compañero de su Biblia. Es adecuado tanto para un cristiano nuevo como para uno maduro. Hallará que es fácil de usar y que va directo al grano. Soy presidente de la junta directiva de Heartland Apostolic Prayer Network (HAPN), que tiene líderes y redes en 35 estados, y he recomendado esta guía a todos y cada uno de ellos. Hágase un gran favor a sí mismo y a sus seres amados ¡y aprenda a orar las oraciones que contiene este libro maravilloso!

DR. JOHN BENEFIEL
Pastor principal, Church on the Rock, Oklahoma City, Oklahoma

Este libro es una fuente de conocimiento, buenos criterios y sabiduría para los que desean orar con eficacia. Quin Sherrer y Ruthanne Garlock comparten los conocimientos profundos que han obtenido como resultado de los preceptos y la práctica.

GERMAINE COPELAND
Autora del éxito de librería *Oraciones con poder*,
Monroe, Georgia

Esta poderosa guía de oración estimula la fe «capaz de vencer gigantes» sin abandonar los principios bíblicos sólidos. Cada capítulo me motivó a elevar oraciones audaces, lo cual no sólo cambió mis circunstancias, sino también mi percepción de Dios y sus respuestas extravagantes a mis peticiones. Gracias por escribir este libro tan dinámico.

MARY GLAZIER
Presidenta, Windwalkers International, Anchorage, Alaska

En todos mis años de enseñar sobre la guerra espiritual tanto en Aglow como en iglesias, los libros de Quin y Ruthanne han resultado ser un recurso valiosísimo. *La guía de oración del guerrero espiritual* es particularmente estratégica para facultar tanto mujeres como a hombres a utilizar las herramientas que Cristo da a los creyentes para ganar las batallas espirituales. Con su base bíblica sólida, presentación clara y práctica, es un arma poderosa para el arsenal del cristiano. Lo he usado como material de enseñanza por mucho tiempo y continuaré haciéndolo.

MARILYN REJ
Líder regional del Sudeste de Aglow, Columbia, Carolina del Sur

En algún punto de la vida todos necesitamos un avance significativo. Una crisis no es el momento para empezar a buscar una llave por toda la casa. Quin Sherrer y Ruthanne Garlock nos muestran cómo estar preparados antes de necesitarlo.

MARK RUTLAND, PH.D.
Presidente, Oral Roberts University

Este libro es la mejor herramienta que jamás he visto para ser eficaces en la guerra espiritual.

DR. C. PETER WAGNER
Autor y rector, Wagner Leadership Institute, Colorado Springs, Colorado

QUIN SHERRER
RUTHANNE GARLOCK

LA
GUÍA DE ORACIÓN
DEL
GUERRERO
ESPIRITUAL

GRUPO NELSON
Una división de Thomas Nelson Publishers
Desde 1798

NASHVILLE   DALLAS   MÉXICO DF.   RÍO DE JANEIRO

© 2011 por Grupo Nelson®
Publicado en Nashville, Tennessee, Estados Unidos de América.
Grupo Nelson, Inc. es una subsidiaria que pertenece completamente a
Thomas Nelson, Inc. Grupo Nelson es una marca registrada de Thomas Nelson, Inc.
www.gruponelson.com

Título en inglés: *The Spiritual Warrior's Prayer Guide*
© 1992, 2010 por Quin Sherrer y Ruthanne Garlock
Publicado originalmente en Estados Unidos por Regal Books, una división de
Gospel Light Publications, Inc., Ventura, CA 93006, Estados Unidos

Editora General: *Graciela Lelli*
Traducción: *Enrique Chi*
Adaptación del diseño al español: *Grupo Nivel Uno, Inc.*

ISBN: 978-1-60255-528-0
Impreso en Estados Unidos de América
11 12 13 14 15 BTY 9 8 7 6 5 4 3 2 1

Con sumo aprecio dedicamos este libro:

A los miembros de nuestra familia y compañeros de oración
que fielmente han orado con nosotros a través de los años...

A la nueva generación de guerreros que
está tomando sus lugares en la batalla...

Y a Jesús, nuestro poderoso Guerrero,
quien nos guía a la victoria.

CONTENIDO

PREFACIO

Recientemente escuché una palabra profética en la cual el Señor dijo: «Ya deja de quejarte de todas estas conmociones, ¡pues estas conmociones son respuesta a tus oraciones!»

Esta palabra fue un desafío en cuanto a mi perspectiva de todo lo que está ocurriendo en la tierra en la actualidad, pero tuve que aceptar el mensaje, ¡porque a mí me había sido dado! Lo que vemos suceder no es una crisis económica, ni una crisis política, sino una crisis espiritual. Creo que todo lo que puede ser conmovido está siendo conmovido, a fin de que sólo lo que es inconmovible permanezca (vea Hebreos 12.26–29).

Esto es evidencia de que las oraciones de los santos de Dios están prevaleciendo en medio de una batalla espiritual que se libra furiosamente a través de naciones y generaciones. A pesar de los fracasos de grandes empresas, bancarrotas personales, incertidumbre política, corrupción en los gobiernos, desastres naturales y degeneración moral, Dios está despertando a su pueblo al poder y autoridad que nos han sido dados en su Palabra para causar cambios.

Porque somos los agentes de cambio que Dios ha puesto en la tierra, debemos reconocer que si las cosas van a cambiar en nuestras familias, nuestras ciudades y aun nuestras naciones, nosotros somos los ungidos por Dios para traer ese cambio. Pero esto sucederá únicamente si empleamos armas espirituales estratégicas a través de la oración y adoptamos una posición agresiva de dominio fundamentada en el mandamiento que hallamos en las Escrituras.

Mi familia experimentó esta verdad hace algunos años cuando trasladamos nuestro ministerio, Christian International, a una región en el noroeste de Florida que estaba saturada de un espíritu de brujería y pobreza. En un radio de dieciséis kilómetros de nuestra propiedad pudimos identificar a diez cultos falsos, incluyendo satanistas, santería, aquelarres de hechiceras, sanadores psíquicos y gurús de la Nueva Era. Era como si Dios hubiese dejado caer nuestro pequeño ministerio profético pionero en una tierra invadida por fuerzas demoníacas, y nos hubiese dicho: «Luchen o mueran».

En aquel momento, no había mucha enseñanza en cuanto a la guerra espiritual, de manera que escudriñamos la Palabra de Dios como la fuente de nuestra victoria y nos entrenamos sobre la marcha para aprender a transformar la atmósfera espiritual de nuestra tierra. Estas fortalezas malignas se sintieron molestas con nuestra presencia, pero nosotros estábamos determinados a hacer retroceder las puertas del infierno y crear un cielo abierto sobre nuestra zona que diera por resultado una transformación para la gloria del reino de Dios. Por medio de la oración persistente, la alabanza agresiva y mandatos proféticos, empezamos a ver cómo se cerraban estos cultos o se reubicaban a otras zonas. Cuando ellos se fueron, también lo hizo el espíritu de pobreza. Dios trajo un cambio a esta región porque un grupo de creyentes se propuso ejercer la autoridad de las Escrituras por medio de la guerra espiritual para ver ese cambio.

Por eso me siento tan agradecida por mis amigas Quin Sherrer y Ruthanne Garlock, quienes tuvieron la previsión de crear un manual para entrenar a guerreros de oración para librar batallas eficaces utilizando el poder de la Palabra de Dios. Este libro que tiene en sus manos, *La guía de oración del guerrero espiritual*, es una herramienta relevante y poderosa para hacer que los creyentes eleven al máximo su potencial espiritual y sean agentes de cambio en la tierra.

Ya sea que usted apenas esté aprendiendo a orar por cambios en su familia o situación personal, o que esté cumpliendo su misión espiritual de orar por cambios en ciudades y nacione , esta guía lo equipará a través de la Palabra de Dios. Lo iluminará con estrategias para ganar la victoria sobre cada fuerza maligna.

Quin y Ruthanne son dos generales espirituales que le han dado las armas a una generación para contender contra las fuerzas de las tinieblas con el fin de librar a individuos, cambiar circunstancias y transformar territorios para la expansión del reino de Dios. Recomiendo enfáticamente que todo creyente no sólo lea este libro sino que lo acepte como una referencia práctica para todas las batallas espirituales futuras.

Jane Hamon,
Copastora de Christian International,
Santa Rosa Beach, Florida

Así será mi palabra que sale de mi boca;
no volverá a mí vacía,
sino que hará lo que yo quiero,
y será prosperada en aquello para que la envié.

Isaías 55.11

INTRODUCCIÓN

El apóstol Pablo desafía a los creyentes a oponerse a las fuerzas de las tinieblas, a mantenerse firmes en la fuerza de Dios y con su armadura, y a orar «en todo tiempo con toda oración y súplica en el Espíritu» (Efesios 6.18). No podemos darnos el lujo de permanecer pasivos delante de esos enemigos. A continuación presentamos apenas algunos ejemplos de muchos de nuestros lectores que nos han escrito pidiendo ayuda en la guerra espiritual. Como puede ver, algunos de ellos se sienten casi abrumados por estos poderes de las tinieblas:

- Una madre pide armas de oración para luchar por la salvación de su hijo de dieciséis años, quien ha estado incursionando en el ocultismo y ha recibido un diagnóstico de maniático-depresivo.

- Un pastor está preocupado de que Satanás ha cegado tanto a los creyentes que éstos viven vidas espiritualmente improductivas.

- Un inmigrante de Europa quiere encontrar una iglesia que cree en la oración y la guerra espiritual. «No tengo amigo ni compañero de oración que me ayude», dice.

- Una adolescente desea seguir a Jesús, pero tiene luchas. «Estoy comenzando a comprender el tipo de guerra en el que realmente nos encontramos», dice. «Satanás trata de confundirme y cegarme, y me dice que volveré a caer en mi antigua rutina».

- Una mujer joven que fue víctima del abuso sexual por parte de su padrastro (quien era pastor) desde los siete hasta los trece años de edad logró perdonarle antes de que muriera, pero todavía tiene luchas por perdonar a su madre, quien permitió tal abuso.

- Una enfermera pregunta: «¿Cómo podemos cambiar una sociedad enferma que hace campañas para salvar a ballenas y a búhos, pero que mata a millones de bebés por medio del aborto?»

Pablo nos anima a que vistamos toda la armadura de Dios y que ocupemos nuestro lugar en la batalla por medio de echar mano de la guerra espiritual. La oración es una táctica esencial para poder andar en victoria en nuestras propias vidas y ver que el evangelio de Cristo sea dado a conocer en la tierra.

Dios nos ha dado su Palabra, la espada del Espíritu, como nuestra arma principal para enfrentar al enemigo. Jesús blandió esta misma arma para hacer retroceder el ataque del enemigo que lo tentó en el desierto. Él declaró a Satanás: «Escrito está...» y luego le citó la palabra tres veces (vea Mateo 4.4–10, Lucas 4.4–12). Hoy, las Escrituras siguen siendo nuestra arma más poderosa para vencer al maligno.

Este libro, una versión revisada y mejorada de la primera edición, ofrece un arsenal de versículos tanto del Antiguo como el Nuevo Testamento para emplearlos en una variedad de batallas espirituales. Muchos creyentes se privan de la ayuda disponible en el Antiguo Testamento, por suponer que no se aplica al mundo de hoy. Pero Pablo escribió: «Toda la Escritura es inspirada por Dios, y útil para enseñar, para redargüir, para corregir, para instruir en justicia, a fin de que el hombre [o mujer] de Dios sea perfecto, enteramente preparado para toda buena obra» (2 Timoteo 3.16–17).

La Palabra de Dios nos capacita y nos equipa para ser guerreros espirituales eficaces. También descubrirá que si usa las Escrituras en oración y declara la Palabra de Dios contra los ataques del enemigo, podrá hacer que las fuerzas de las tinieblas retrocedan y lograr la victoria espiritual. Al mismo tiempo, el Espíritu Santo hará una obra por medio de la verdad de las Escrituras para corregirle, alimentar su espíritu y fortalecer su fe.

Este libro no es sustituto de su Biblia, pero confiamos que si utiliza esta guía de oración, desarrollará un aprecio aun mayor por la Palabra de Dios. Que el Señor aumente sus conocimientos y habilidad en el uso de la espada del Espíritu, descrita por el misionero Arthur Mathews como «*la mejor amiga del soldado*».

Mas gracias sean dadas a Dios,
que nos da la victoria por medio de nuestro Señor Jesucristo.

1 Corintios 15.57

—Quin Sherrer y Ruthanne Garlock

PRÓLOGO

El apóstol Pablo escribió la guía más completa de capacitación para guerreros espirituales:

Fortaleceos en el Señor, y en el poder de su fuerza. Vestíos de toda la armadura de Dios, para que podáis estar firmes contra las asechanzas del diablo. Porque no tenemos lucha contra sangre y carne, sino contra principados, contra potestades, contra los gobernadores de las tinieblas de este siglo, contra huestes espirituales de maldad en las regiones celestes. Por tanto, tomad toda la armadura de Dios, para que podáis resistir en el día malo, y habiendo acabado todo, estar firmes. Estad, pues, firmes, ceñidos vuestros lomos con la verdad, y vestidos con la coraza de justicia, y calzados los pies con el apresto del evangelio de la paz. Sobre todo, tomad el escudo de la fe, con que podáis apagar todos los dardos de fuego del maligno. Y tomad el yelmo de la salvación, y la espada del Espíritu, que es la palabra de Dios; orando en todo tiempo con toda oración y súplica en el Espíritu, y velando en ello con toda perseverancia y súplica por todos los santos (Efesios 6.10–18).

Parte I

Preparándose para la batalla

VISTIENDO LA ARMADURA

Aunque la victoria decisiva de Cristo sobre Satanás es completa, es necesario que reconozcamos el papel que desempeñamos en hacer cumplir esa victoria por medio de la oración y la guerra espiritual. Enfrentamos a un enemigo muy real, Satanás, cuyo nombre significa «adversario». Puesto que él sabe que Cristo es la única esperanza que tenemos de escapar del reino de las tinieblas, este enemigo se ha propuesto evitar que hombres, mujeres y niños reciban las buenas nuevas de salvación.

Si los creyentes vamos a cumplir la orden que Cristo dio de predicar el evangelio a toda criatura, entonces es necesario que demos de nuestros talentos y tesoro para adelantar esa causa. Pero también es necesario que apartemos tiempo para dedicarnos a la oración y a la guerra espiritual a favor de otros.

Por qué la armadura es crucial

Sólo un necio se lanzaría a la batalla sin contar con defensas adecuadas. De igual modo, el cristiano requiere la armadura para protegerse contra «el maligno», frase que describe a Satanás y que se emplea en las Escrituras nueve veces. Pablo enseña a los creyentes a vestirse con la armadura de Dios y estar firmes en su territorio en contra del maligno (Efesios 6.13).

Jesús mismo enseñó a sus seguidores un modelo de oración, el cual incluye la petición: «mas líbranos del mal» (Mateo 6.13). En su gran oración sacerdotal intercediendo por sus seguidores, Jesús pidió al Padre «que los guardes del mal» (Juan 17.15).

La guerra espiritual dista mucho de ser una lucha entre dos poderes iguales (Dios y Satanás ciertamente no son iguales en poder). Más bien, definimos esta guerra como los esfuerzos de Satanás manifestados en tres elementos básicos:

1. Destruir la confianza del creyente en Dios y en su Hijo, para que abandonen la fe.

2. Seducir a los creyentes por medio de enseñanzas seductoras o de sus propios pecados, a fin de que crean una mentira en lugar de la verdad.

3. Evitar que los incrédulos escuchen una presentación clara del evangelio, a fin de que permanezcan en el reino de las tinieblas de Satanás.

El diablo tiene poder real, el cual los cristianos sabios respetan. E. M. Bounds afirma: «Para Cristo el diablo como persona muy real. Reconoció su personalidad, percibió y reconoció su poder, aborreció su carácter y luchó contra su reino».[1] Pero debido a que Satanás es un ser creado, y en ninguna manera es igual a Dios, su influencia tiene límites. Por medio de la cruz, Cristo desarmó el poder de Satanás y aseguró la victoria para el creyente que se somete al Señorío de Cristo (vea Colosenses 2.15).

Cómo funciona la armadura

Cuando Pablo escribió sobre la armadura de Dios, se hallaba bajo arresto, prisionero de Roma, bajo la custodia de soldados romanos. Todos los días podía ver la armadura y la insignia que portaban, lo cual identificaba su posición. El Espíritu Santo inspiró la analogía del creyente como soldado en el ejército espiritual de Dios.

Tal como es necesario que un soldado complete un período de entrenamiento antes de que se le entreguen los aparejos de la batalla y sea enviado al frente, los soldados cristianos nos preparamos para la guerra espiritual antes de ir a la batalla. Cada pieza de nuestra armadura espiritual cumple una función vital; por lo tanto, una sola pieza que nos falte podría significar la derrota cuando enfrentemos al enemigo. Que el Espíritu Santo nos equipe y nos fortalezca para ser eficaces en la lucha contra Satanás. Examinemos las seis partes de la armadura completa que Pablo presenta en Efesios 6.10–18.

El *estar ceñidos con la verdad* se refiere a un cinturón ancho de cuero o de metal que se usaba en la parte inferior del cuerpo para sostener la armadura en su lugar, y del cual colgaba la espada. La verdad del evangelio, la salvación por fe en Cristo solamente, sigue siendo la esencia de cada batalla que enfrentamos. Satanás distorsiona esta verdad por medio de sus intentos de hacer que dudemos de Dios y caigamos en engaño. Jesús nos advirtió enérgicamente contra los engaños de los postreros días (vea Mateo 24, Marcos 13, Lucas 21 y el capítulo 24 de este libro).

La *coraza de justicia* era la antecesora del chaleco a prueba de balas y protegía el corazón y los demás órganos vitales del soldado. Esta pieza es nuestra única protección contra un corazón dividido. Un buen soldado se atiene al consejo dado por Salomón: «Sobre toda cosa guardada, guarda tu corazón; porque de él mana la vida» (Proverbios 4.23). Si el diablo logra dividir nuestro corazón por medio de puntos de apoyo tales como la falta de perdón, el egoísmo y la idolatría, entonces obtiene una posición más segura desde la cual derrotarnos.

El *calzado de paz* simboliza la preparación. En las culturas orientales, quitarse el calzado es un acto de reverencia, luto o sumisión. Cuando un soldado se calzaba los pies, esto significaba que se estaba preparando para presentarse a cumplir con su deber y enfrentar al enemigo. Los soldados cristianos calzamos nuestros pies con el evangelio de la paz para invadir el territorio enemigo llevando las buenas nuevas y reconciliando a la humanidad con Dios. «Y nos encargó a nosotros la palabra de la reconciliación» (2 Corintios 5.19).

El *escudo de la fe* se refiere al escudo rectangular grande que usaban los soldados para desviar los golpes del enemigo que provinieran de cualquier dirección. Era suficientemente grande para proteger el cuerpo entero, al igual que para proteger todas las otras partes de la armadura. Con frecuencia el soldado ungiría su escudo con aceite (similar a la unción del Espíritu Santo) para que reflejara los rayos del sol y cegara al enemigo. Nuestra fe firme en Dios nos fortalece en la batalla y nos capacita para resistir al enemigo y verle huir (vea Santiago 4.7 y 1 Pedro 5.8–9).

El *yelmo de la salvación* protege nuestras mentes contra los dardos de fuego de Satanás (vea 1 Tesalonicenses 5.8). El yelmo o casco no sólo protegía la cabeza del soldado en la batalla, sino que también portaba la insignia de su ejército. Nuestra mente renovada debería ejercer influencia en nuestro comportamiento de manera tan profunda que los que están en el mundo puedan reconocer que somos cristianos en palabra y en hecho. Mantener nuestras mentes renovadas en Cristo también nos protege contra los engaños.

La *espada del Espíritu* se usa tanto para la defensa como para el ataque. Cuanto mejor conozcamos la Palabra de Dios, tanto más adeptos seremos en blandir esta arma para oponernos a las fuerzas del mal. Pero como observó Arthur Mathews: «Las armas sin usar no causan bajas en el enemigo ni ganan guerras... No basta con asentir mentalmente al hecho de que hay una guerra espiritual en curso. La pasividad hacia nuestro enemigo es lo que el diablo desea de nosotros y su treta es enfriar el fervor de los hombres de guerra de Dios».[2]

Cómo se logra la victoria

Las advertencias que dan las Escrituras en cuanto «al maligno» y «día malo» deben tomarse en serio, pero la seguridad de que todo lo que necesitamos para vencer al enemigo nos ha sido provisto a través de Cristo debe tomarse con igual seriedad. De nosotros depende disciplinarnos, apropiarnos de la provisión divina y marchar hacia la batalla. William Gurnall escribe:

> Vestir la armadura de Dios... involucra en primer y primordial lugar un cambio de corazón. La persona que presume tener confianza en Dios pero que no cree verdaderamente en su corazón nunca se hallará a salvo en la zona de guerra que separa a la tierra del cielo. Si por negligencia o por voluntad propia deja de vestir la armadura de Dios e irrumpe en la batalla desnudo, ha firmado su certificado de defunción.... En ningún momento ponga en duda que Satanás desencadenará toda su furia contra los que aman la Palabra de Dios.... Si Satanás fue demasiado astuto para el hombre en un estado de perfección, ¡cuánto más peligroso es para nosotros ahora en nuestra condición caída! Porque nunca nos hemos recuperado de esa primera rotura que la caída de Adán dio a nuestro entendimiento.[3]

Vestir la armadura de Dios y orar la Palabra de Dios no forman parte de una especie de fórmula mágica. No se nos garantiza el éxito por hablar palabras determinadas en cuanto a una situación específica. La oración y la guerra deberán basarse firmemente en la fe en Dios y en una relación con el Dios cuya palabra declaramos. «Amados, si nuestro corazón no nos reprende, confianza tenemos en Dios; y cualquiera cosa que pidiéremos la recibiremos de él, porque guardamos sus mandamientos, y hacemos las cosas que son agradables delante de él» (1 Juan 3.21–22).

Los versículos a continuación ayudarán a los guerreros espirituales a llegar a un punto de fe y preparación, a fin de que sus oraciones puedan ser verdaderamente poderosas y eficaces.

Escrituras

Sean gratos los dichos de mi boca y la meditación de mi corazón delante de ti, oh Jehová, roca mía, y redentor mío (Salmo 19.14).

No con ejército, ni con fuerza, sino con mi Espíritu, ha dicho Jehová de los ejércitos (Zacarías 4.6).

Velad y orad, para que no entréis en tentación; el espíritu a la verdad está dispuesto, pero la carne es débil (Marcos 14.38).

También les refirió Jesús una parábola sobre la necesidad de orar siempre, y no desmayar (Lucas 18.1).

Y les dijo: ¿Por qué dormís? Levantaos, y orad para que no entréis en tentación (Lucas 22.46).

Así que, hermanos, os ruego por las misericordias de Dios, que presentéis vuestros cuerpos en sacrificio vivo, santo, agradable a Dios, que es vuestro culto racional (Romanos 12.1).

Y esto, conociendo el tiempo, que es ya hora de levantarnos del sueño; porque ahora está más cerca de nosotros nuestra salvación que cuando creímos. La noche está avanzada, y se acerca el día. Desechemos, pues, las obras de las tinieblas, y vistámonos las armas de la luz. Andemos como de día, honestamente; no en glotonerías y borracheras, no en lujurias y lascivias, no en contiendas y envidia, sino vestíos del Señor Jesucristo, y no proveáis para los deseos de la carne (Romanos 13.11–14).

Pues aunque andamos en la carne, no militamos según la carne; porque las armas de nuestra milicia no son carnales, sino poderosas en Dios para la destrucción de fortalezas (2 Corintios 10.3–4).

Y no participéis en las obras infructuosas de las tinieblas, sino más bien reprendedlas.... Mirad, pues, con diligencia cómo andéis, no como necios sino como sabios, aprovechando bien el tiempo, porque los días son malos (Efesios 5.11, 15–16).

Perseverad en la oración, velando en ella con acción de gracias; orando también al mismo tiempo por nosotros, para que el Señor nos abra puerta para la palabra, a fin de dar a conocer el misterio de Cristo, por el cual también estoy preso, para que lo manifieste como debo hablar (Colosenses 4.2–4).

Pelea la buena batalla de la fe, echa mano de la vida eterna, a la cual asimismo fuiste llamado, habiendo hecho la buena profesión delante de muchos testigos (1 Timoteo 6.12).

Tú, pues, sufre penalidades como buen soldado de Jesucristo. Ninguno que milita se enreda en los negocios de la vida, a fin de agradar a aquel que lo tomó por soldado.... Por tanto, [yo Pablo] todo lo soporto por amor de los escogidos, para que ellos también obtengan la salvación que es en Cristo Jesús con gloria eterna (2 Timoteo 2.3–4, 10).

Porque la gracia de Dios se ha manifestado para salvación a todos los hombres, enseñándonos que, renunciando a la impiedad y a los deseos mundanos, vivamos en este siglo sobria, justa y piadosamente (Tito 2.11–12).

Por tanto, nosotros también, teniendo en derredor nuestro tan grande nube de testigos, despojémonos de todo peso y del pecado que nos asedia, y corramos con paciencia la carrera que tenemos por delante, puestos los ojos en Jesús, el autor y consumador de la fe, el cual por el gozo puesto delante de él sufrió la cruz, menospreciando el oprobio, y se sentó a la diestra del trono de Dios (Hebreos 12.1–2).

Por tanto, ceñid los lomos de vuestro entendimiento, sed sobrios, y esperad por completo en la gracia que se os traerá cuando Jesucristo sea manifestado; como hijos obedientes, no os conforméis a los deseos que antes teníais estando en vuestra ignorancia; sino, como aquel que os llamó es santo, sed también vosotros santos en toda vuestra manera de vivir (1 Pedro 1.13–15).

Mas el fin de todas las cosas se acerca; sed, pues, sobrios, y velad en oración (1 Pedro 4.7).

Oración

Señor, gracias por proveerme la armadura espiritual que necesito para ser un guerrero espiritual eficaz. Debido a mi relación personal contigo, me siento plenamente confiado de que escucharás y responderás a mis oraciones. Ayúdame a vestir toda la armadura de Dios cada día: a estar ceñido con la verdad, la coraza de justicia, el calzado de la paz, el escudo de la fe, el yelmo de la salvación y la espada del Espíritu.
Ayúdame a ser fiel en la batalla y a tener la determinación necesaria para nunca darme por vencido. Oro en el nombre de Jesús, amén.

TOMANDO AUTORIDAD
EN EL NOMBRE DE JESÚS

¿Qué quiso decir Jesús cuando les dijo a sus seguidores: «He aquí os doy potestad... sobre toda fuerza del enemigo» (Lucas 10.19)? Les estaba confiriendo a los creyentes el derecho de ejercer poder en su nombre sobre el poder de Satanás, el enemigo de Dios y enemigo nuestro.

Una definición de autoridad es: «el poder de regir o gobernar, el poder de aquel cuya voluntad y mandatos deben ser obedecidos por los demás».[1] En el principio, Dios dio a Adán la autoridad de gobernar, o de ejercer poder, en el huerto del Edén (vea Génesis 2.15–20). Sólo se le prohibió que comiera de un árbol. Pero al ceder a la tentación de Satanás de comer del fruto de ese árbol, la humanidad rebasó los límites de la autoridad que Dios le había conferido.

Ahora, el pecado tendría poder para gobernar sobre la raza humana. ¿Por qué el diablo se sentía tan determinado a seducir a hombres y mujeres para que pecaran? El maestro de la Biblia, Dean Sherman, aclara:

Satanás deseaba tener la autoridad que había sido dada al hombre. Aunque se encontraba en el planeta, el diablo no tenía autoridad ni jurisdicción sobre el planeta... Satanás sabía que el hombre podía usar bien o mal la autoridad que le había sido entregada. Cuando el hombre desobedeció a Dios, Satanás pudo usurpar la autoridad del hombre. Así como Dios había transferido parte de su autoridad al hombre, el hombre se la transfirió a Satanás... pero Satanás sólo puede utilizarla a través del hombre. Sólo puede *influir* sobre el mundo hasta el grado en el cual el hombre elige pecar y vivir en desobediencia a Dios. Esto es lo que podríamos llamar el equilibrio de poder.[2]

Relación con Jesús

A través de su muerte como sacrificio, su sepultura y su resurrección, Cristo derrotó al poder de Satanás y recibió de Dios autoridad sobre todos los ángeles y potestades (vea 1 Pedro 3.18–22). Ahora la humanidad, a través de Cristo, puede recuperar la autoridad que Adán desperdició. Dean Sherman continúa explicando:

El balance de poderes en la tierra se encuentra en el hombre, por medio del nombre de Jesucristo. La autoridad está completa en el hombre siempre y cuando el hombre tenga una relación con Dios a través de Jesucristo. Con nuestra autoridad viene la responsabilidad de usarla para los propósitos divinos. Si no reprendemos al diablo, él no será reprendido. Si no le hacemos retroceder, él no se irá. Depende de nosotros. Satanás conoce de nuestra autoridad, pero espera que sigamos siendo ignorantes. Tenemos que estar tan convencidos de nuestra autoridad como lo está el diablo. [3]

La *relación* es la clave. Sin una relación cercana con Cristo, no tenemos fundamento para tomar autoridad sobre Satanás, y él lo sabe. Pero Dios ha puesto a Cristo a su diestra en el cielo, en posición de autoridad sobre todas las demás potestades. Y porque somos parte de su cuerpo, la iglesia, podemos utilizar su nombre con autoridad. Las Escrituras declaran:

Y cuál la supereminente grandeza de su poder para con nosotros los que creemos, según la operación del poder de su fuerza, la cual operó en Cristo, resucitándole de los muertos y sentándole a su diestra en los lugares celestiales, sobre todo principado y autoridad y poder y señorío, y sobre todo nombre que se nombra, no sólo en este siglo, sino también en el venidero; y sometió todas las cosas bajo sus pies, y lo dio por cabeza sobre todas las cosas a la iglesia, la cual es su cuerpo (Efesios 1.19–23).

El libro de los Hechos registra la historia de un grupo de hombres que trataron, para vergüenza suya, de echar demonios en el nombre de Jesús cuando carecían de una relación con Él:

Pero algunos de los judíos, exorcistas ambulantes, intentaron invocar el nombre del Señor Jesús sobre los que tenían espíritus malos, diciendo: Os conjuro por Jesús, el que predica Pablo.

Había siete hijos de un tal Esceva, judío, jefe de los sacerdotes, que hacían esto. Pero respondiendo el espíritu malo, dijo: A Jesús conozco, y sé quién es Pablo; pero vosotros, ¿quiénes sois? Y el hombre en quien estaba el espíritu malo, saltando sobre ellos y dominándolos, pudo más que ellos, de tal manera que huyeron de aquella casa desnudos y heridos (Hechos 19.13–16).

Escrituras sobre la autoridad dada por Dios a Cristo

Miraba yo en la visión de la noche, y he aquí con las nubes del cielo venía uno como un hijo de hombre, que vino hasta el Anciano de días, y le hicieron acercarse delante de él. Y le fue dado dominio, gloria y reino, para que todos los pueblos, naciones y lenguas le sirvieran; su dominio es dominio eterno, que nunca pasará, y su reino uno que no será destruido (Daniel 7.13–14).

Y cuando terminó Jesús estas palabras, la gente se admiraba de su doctrina; porque les enseñaba como quien tiene autoridad, y no como los escribas (Mateo 7.28–29).

Pues para que sepáis que el Hijo del Hombre tiene potestad en la tierra para perdonar pecados (dice entonces al paralítico): Levántate, toma tu cama, y vete a tu casa. Entonces él se levantó y se fue a su casa. Y la gente, al verlo, se maravilló y glorificó a Dios, que había dado tal potestad a los hombres (Mateo 9.6–8).

Y se admiraban de su doctrina; porque les enseñaba como quien tiene autoridad, y no como los escribas... Y todos se asombraron, de tal manera que discutían entre sí, diciendo: ¿Qué es esto? ¿Qué nueva doctrina es esta, que con autoridad manda aun a los espíritus inmundos, y le obedecen? (Marcos 1.22, 27)

[Jesús dijo]... pongo mi vida por las ovejas... Nadie me la quita, sino que yo de mí mismo la pongo. Tengo poder para ponerla, y tengo poder para volverla a tomar. Este mandamiento recibí de mi Padre (Juan 10.15, 18).

Por lo cual Dios también le exaltó [a Cristo] hasta lo sumo, y le dio un nombre que es sobre todo nombre, para que en el nombre de Jesús se doble toda rodilla de los que están en los cielos, y en la tierra, y debajo de la tierra; y toda lengua confiese que Jesucristo es el Señor, para gloria de Dios Padre (Filipenses 2.9–11).

Él [Cristo] es la imagen del Dios invisible, el primogénito de toda creación. Porque en él fueron creadas todas las cosas, las que hay en los cielos y las que hay en la tierra, visibles e invisibles; sean tronos, sean dominios, sean principados, sean potestades; todo fue creado por medio de él y para él. Y él es antes de todas las cosas, y todas las cosas en él subsisten; y él es la cabeza del cuerpo que es la iglesia, él que es el principio, el primogénito de entre los muertos, para que en todo tenga la preeminencia (Colosenses 1.15–18).

Orando por cosas sin precedente

Pocos creyentes oran y ejercen fe al nivel que Cristo desea que sus seguidores lo hagan. J. Oswald Sanders nos desafía a elevarnos al nivel de «oraciones audaces». Escribe:

Rara vez nuestras peticiones se elevan por encima del nivel del pensamiento natural o de nuestras experiencias previas. ¿Acaso nos atrevemos a orar por cosas sin precedente? La atmósfera de nuestra era tiende a hacer que minimicemos lo que podemos esperar de Dios, sin embargo su Palabra revela que el alcance de lo que legítimamente podemos esperar literalmente no tiene límites. Como anticipando nuestra resistencia a pedir con audacia, Dios emplea todos los términos universales en nuestro idioma en sus promesas dadas a las almas que oran. Estas promesas son: Todo lo que sea, en cualquier lugar, en cualquier momento, y cualquier persona, es decir, todos, cualquiera, siempre... Examine estas palabras con relación a la oración y verá cómo lo alientan a presentar peticiones grandes.[4]

Escrituras sobre la autoridad que Cristo les dio a los creyentes

Te pondrá Jehová por cabeza, y no por cola; y estarás encima solamente, y no estarás debajo, si obedecieres los mandamientos de Jehová tu Dios, que yo te ordeno hoy, para que los guardes y cumplas (Deuteronomio 28.13).

Y a ti te daré las llaves del reino de los cielos; y todo lo que atares en la tierra será atado en los cielos; y todo lo que desatares en la tierra será desatado en los cielos (Mateo 16.19).

Y Jesús se acercó y les habló diciendo: Toda potestad me es dada en el cielo y en la tierra. Por tanto, id, y haced discípulos a todas las naciones, bautizándolos en el nombre del Padre, y del Hijo, y del Espíritu Santo; enseñándoles que guarden todas las cosas que os he mandado; y he aquí yo estoy con vosotros todos los días, hasta el fin del mundo (Mateo 28.18–20).

Habiendo reunido a sus doce discípulos, les dio poder y autoridad sobre todos los demonios, y para sanar enfermedades. Y los envió a predicar el reino de Dios, y a sanar a los enfermos (Lucas 9.1–2). He aquí os doy potestad de hollar serpientes y escorpiones, y sobre toda fuerza del enemigo, y nada os dañará (Lucas 10.19).

No me elegisteis vosotros a mí, sino que yo os elegí a vosotros, y os he puesto para que vayáis y llevéis fruto, y vuestro fruto permanezca; para que todo lo que pidiereis al Padre en mi nombre, él os lo dé (Juan 15.16).

Entonces Jesús les dijo otra vez: Paz a vosotros. Como me envió el Padre, así también yo os envío. Y habiendo dicho esto, sopló, y les dijo: Recibid el Espíritu Santo (Juan 20.21–22).

Y por quien recibimos la gracia y el apostolado, para la obediencia a la fe en todas las naciones por amor de su nombre; entre las cuales estáis también vosotros, llamados a ser de Jesucristo (Romanos 1.5–6).

Pues no somos como muchos, que medran falsificando la palabra de Dios, sino que con sinceridad, como de parte de Dios, y delante de Dios, hablamos en Cristo (2 Corintios 2.17).

Y todo lo que hacéis, sea de palabra o de hecho, hacedlo todo en el nombre del Señor Jesús, dando gracias a Dios Padre por medio de él (Colosenses 3.17).

Esto habla, y exhorta y reprende con toda autoridad. Nadie te menosprecie (Tito 2.15).

Someteos, pues, a Dios; resistid al diablo, y huirá de vosotros (Santiago 4.7).

Al que venciere y guardare mis obras hasta el fin, yo le daré autoridad sobre las naciones... como yo también la he recibido de mi Padre (Apocalipsis 2.26–27).

Oración

Padre celestial, ¡gracias porque Jesús pagó el precio
para asegurar la derrota definitiva del enemigo!
Gracias porque cuando permanecemos en sumisión a Cristo,
él nos inviste de la autoridad para usar su nombre
contra las estratagemas del maligno. Señor,
fortaléceme para hacer esto con denuedo
y ver victorias que traigan alabanza y honra a ti solamente.
Gracias por el privilegio de ser tu representante en la tierra.
Amén.

EL PODER DE LA SANGRE DE JESÚS

La sangre de Jesús, el medio de nuestra redención, es la sustancia física más preciosa que jamás haya tocado la tierra. En obediencia a la ley, el pueblo judío por generaciones había ofrecido animales en sacrificio para remisión de sus pecados y satisfacer la justicia de Dios. Pero cuando Jesús vino a la tierra, cumplió la ley al convertirse en el sacrificio perfecto, haciendo expiación por el pecado de toda la humanidad.

Su sangre no sólo es preciosa, sino también poderosa, aboliendo para siempre la necesidad de ofrecer sacrificios de animales. ¿Por qué Jesús se sometió a una muerte sangrienta en la cruz, cuando tenía todo el poder del universo a su disposición? El gran expositor G. Campbell Morgan explica:

> Él no sólo fue el portador del pecado durante las actividades de aquella tenebrosa hora, sino que fue el Destructor del pecado en una transacción infinita más allá del poder del pensamiento humano, cuando destruyó las obras del diablo... Para establecer el reino le era necesario primero atraer el pecado a sí mismo, enfrentarlo, lidiar con él, dominarlo, anularlo y, al emerger victorioso de la lucha, comunicar vida, en el poder del cual otras almas pudieran entrar a la misma lucha, y obtener un resultado similar.[1]

Cuando confesamos nuestros pecados y nos arrepentimos de nuestra rebelión contra Dios, recibimos perdón y limpieza por la sangre de Jesús. Su sangre abre la puerta a la reconciliación con el Padre. Nos libra de la maldición y del poder del pecado, junto con el temor a la muerte, y nos asegura la derrota final de Satanás. También es la base de nuestra autoridad sobre el enemigo. H. A. Maxwell Whyte escribe:

Difícilmente podemos reclamar que estamos bajo la sangre de Jesús si andamos en desobediencia deliberada.... El derramamiento de la sangre de Jesús sin obedecer la Palabra de Dios de nada sirve...En el mundo natural no tenemos dificultad alguna de comprender cómo aplicar un desinfectante a una infección. Tomamos el desinfectante y lo rociamos o vertemos sobre la infección, y el resultado es que los gérmenes y organismos vivientes presentes en dicha infección mueren. Ahora no debiéramos tener dificultades para hacer lo mismo espiritualmente. Donde quiera que sea que Satanás está obrando, debemos aplicar el único antídoto que existe: la sangre de Jesús. No hay alternativa ni sustituto alguno. La oración, la alabanza, la adoración y la devoción, todas estas cosas tienen su parte en nuestro acercamiento a Dios, pero la sangre de Jesús es el único agente eficaz en contra de la corrupción.[2]

«Aplicar la sangre de Jesús» sobre nosotros mismos y sobre nuestros seres amados en la oración y la guerra espiritual es una forma de declararle al diablo que la sangre de Jesús crea un límite que él no puede violar. Solamente los creyentes que por fe se han apropiado del sacrificio de Cristo por sus pecados pueden aplicar esta sangre preciosa. Pero no hemos de tratarla como si fuera una fórmula mágica que nos garantiza la protección contra la adversidad.

De hecho, Jesús les dijo a sus seguidores: «El siervo no es mayor que su señor. Si a mí me han perseguido, también a vosotros os perseguirán» (Juan 15.20). Y Pablo escribió: «Todos los que quieren vivir piadosamente en Cristo Jesús padecerán persecución» (2 Timoteo 3.12).

Estar bajo la sangre de Jesús significa que todo intento por parte del enemigo de destruirnos finalmente terminará en la propia derrota de Satanás, tal como la muerte de Jesús en la cruz selló la perdición de Satanás. Como leemos en las Escrituras: «La que ninguno de los príncipes de este siglo conoció [la sabiduría de Dios]; porque si la hubieran conocido, nunca habrían crucificado al Señor de gloria» (1 Corintios 2.8).

La práctica de aplicar la sangre de Jesús se basa en la narración de Éxodo 12. Dios instruyó al pueblo de Israel que mataran a un cordero sacrificial y que colocaran la sangre sobre los dinteles de sus puertas, protegiendo así sus hogares contra la plaga de la muerte que él enviaría a los egipcios. Ese cordero es una prefigura del Cordero de Dios, Jesús mismo, cuyo sacrificio en el Calvario proveyó el camino para que toda la humanidad fuera salva de la muerte espiritual.

R. Arthur Mathews escribió: «Bendito sea el intercesor que sabe usar el poder de la sangre en la guerra espiritual».[3] Usted puede hacerlo declarando en voz alta las Escrituras que hablan del poder de la sangre de Jesús.

Escrituras

Y la sangre os será por señal en las casas donde vosotros estéis; y veré la sangre y pasaré de vosotros, y no habrá en vosotros plaga de mortandad cuando hiera la tierra de Egipto (Éxodo 12.13).

Porque la vida de la carne en la sangre está, y yo os la he dado para hacer expiación sobre el altar por vuestras almas; y la misma sangre hará expiación de la persona (Levítico 17.11).

Y tomando la copa, y habiendo dado gracias, les dio, diciendo: Bebed de ella todos; porque esto es mi sangre del nuevo pacto, que por muchos es derramada para remisión de los pecados (Mateo 26.27–28).

Pues mucho más, estando ya justificados en su sangre, por él seremos salvos de la ira (Romanos 5.9).

De manera que cualquiera que comiere este pan o bebiere esta copa del Señor indignamente, será culpado del cuerpo y de la sangre del Señor. Por tanto, pruébese cada uno a sí mismo, y coma así del pan, y beba de la copa (1 Corintios 11.27–28).

En quien tenemos redención por su sangre, el perdón de pecados según las riquezas de su gracia, que hizo sobreabundar para con nosotros en toda sabiduría e inteligencia (Efesios 1.7–8).

Pero ahora en Cristo Jesús, vosotros que en otro tiempo estabais lejos, habéis sido hechos cercanos por la sangre de Cristo (Efesios 2.13).

Por cuanto agradó al Padre que en él [Cristo] habitase toda plenitud, y por medio de él reconciliar consigo todas las cosas, ... haciendo la paz mediante la sangre de su cruz (Colosenses 1.19–20).

Así que, por cuanto los hijos participaron de carne y sangre, él también participó de lo mismo, para destruir por medio de la muerte al que tenía el imperio de la muerte, esto es, al diablo (Hebreos 2.14).

Y no por sangre de machos cabríos ni de becerros, sino por su propia sangre, [Cristo] entró una vez para siempre en el Lugar Santísimo, habiendo obtenido eterna redención... ¿cuánto más la sangre de Cristo, el cual mediante el Espíritu eterno se ofreció a sí mismo sin mancha a Dios, limpiará vuestras conciencias de obras muertas para que sirváis al Dios vivo? (Hebreos 9.12, 14)

Y sin derramamiento de sangre no se hace remisión... Pero ahora, en la consumación de los siglos, [Cristo] se presentó una vez para siempre por el sacrificio de sí mismo para quitar de en medio el pecado (Hebreos 9.22b, 26b).

Así que, hermanos, teniendo libertad para entrar en el Lugar Santísimo por la sangre de Jesucristo, por el camino nuevo y vivo que él nos abrió a través del velo, esto es, de su carne... acerquémonos con corazón sincero, en plena certidumbre de fe... Mantengamos firme, sin fluctuar, la profesión de nuestra esperanza, porque fiel es el que prometió (Hebreos 10.19–23).

Sabiendo que fuisteis rescatados de vuestra vana manera de vivir... no con cosas corruptibles, como oro o plata, sino con la sangre preciosa de Cristo, como de un cordero sin mancha y sin contaminación, ya destinado desde antes de la fundación del mundo, pero manifestado en los postreros tiempos por amor de vosotros (1 Pedro 1.18–20).

Pero si andamos en luz, como él está en luz, tenemos comunión unos con otros, y la sangre de Jesucristo su Hijo nos limpia de todo pecado (1 Juan 1.7).

Y cuando hubo tomado el libro, los cuatro seres vivientes y los veinticuatro ancianos se postraron delante del Cordero; todos tenían arpas, y copas de oro llenas de incienso, que son las oraciones de los santos; y cantaban un nuevo cántico, diciendo: Digno eres de tomar el libro y de abrir sus sellos; porque tú fuiste inmolado, y con tu sangre nos has redimido para Dios, de todo linaje y lengua y pueblo y nación; y nos has hecho para nuestro Dios reyes y sacerdotes, y reinaremos sobre la tierra (Apocalipsis 5.8–10).

Yo le dije: Señor, tú lo sabes. Y él me dijo: Estos son los que han salido de la gran tribulación, y han lavado sus ropas, y las han emblanquecido en la sangre del Cordero (Apocalipsis 7.14).

Y ellos le han vencido [a Satanás] por medio de la sangre del Cordero y de la palabra del testimonio de ellos, y menospreciaron sus vidas hasta la muerte (Apocalipsis 12.11).

Entonces vi el cielo abierto; y he aquí un caballo blanco, y el que lo montaba se llamaba Fiel y Verdadero, y con justicia juzga y pelea. Sus ojos eran como llama de fuego, y había en su cabeza muchas diademas; y tenía un nombre escrito que ninguno conocía sino él mismo. Estaba vestido de una ropa teñida en sangre; y su nombre es: EL VERBO DE DIOS (Apocalipsis 19.11–13).

Oración

Padre Dios, gracias porque Jesús fue obediente a tu plan y voluntariamente derramó su sangre para proveer mi redención y derrotar al enemigo. Sé que su sangre es preciosa y poderosa. Al aplicar la sangre de Jesús sobre mí mismo y mis seres amados, le declaro al enemigo que él no puede violar ese límite. Te alabo por la protección que tenemos a través de la sangre de Cristo. Amén.

EL PODER DE LA
PALABRA DE DIOS

La única parte de la armadura del guerrero espiritual que es tanto ofensiva como defensiva se menciona última en la lista de Pablo: «la espada del Espíritu, que es la palabra de Dios» (Efesios 6.17). William Gurnall describe esta parte de la armadura de manera adecuada:

> La espada es el arma que los soldados empleaban de modo constante para defenderse y para derrotar a sus enemigos. Así es una ilustración del uso excelentísimo de la Palabra de Dios, por la cual el creyente se defiende y vence a sus enemigos... Porque Satanás es espíritu, hay que luchar contra él con armas espirituales. Y la Palabra es una espada espiritual... El ejército de Dios vence a todo enemigo por una de dos maneras: conversión o destrucción. La Palabra de Dios es la espada que afecta a ambas—tiene dos filos.[1]

Esta espada de dos filos es el arma que Jesús utilizó para resistir a Satanás en el desierto. Jesús había estudiado las Escrituras desde su niñez y había llenado su mente con su verdad. Así que, cuando vino el momento de la crisis, su espada estaba afilada y lista. Lo único que precisó para vencer al enemigo fue «todo lo que sale de la boca de Jehová» (Deuteronomio 8.3).

Hebreos 4.12 en particular habla del poder de la palabra: «Porque la palabra de Dios es viva y eficaz, y más cortante que toda espada de dos filos; y penetra hasta partir el alma y el espíritu, las coyunturas y los tuétanos, y discierne los pensamientos y las intenciones del corazón.» El maestro bíblico Roy Hicks, Sr., ofrece esta explicación de cómo hemos de entender esto:

> El término que aquí se traduce «palabra» [en Hebreos 4.12] es el vocablo griego *logos*, que comúnmente indica la expresión de

una idea completa y se utiliza para referirse a las Sagradas Escrituras. Contrasta con *rhema*, que suele referirse a algo dicho o hablado. Esto recomienda que distingamos entre toda la Biblia, y la promesa o promesas *individuales* que el Espíritu Santo pueda traer a nuestra mente por medio de la Palabra de Dios. Cuando se enfrenta una situación de necesidad, prueba o dificultad, las promesas de Dios pueden llegar a ser una *rhema*; esto es, un arma del Espíritu, «la palabra de Dios» (Efesios 6.17). La autoridad que posee esta «palabra» es que viene de la Biblia —la Palabra de Dios—, el *logos* completo.[2]

Escrituras

Y Jehová dijo a Moisés: Escribe tú estas palabras; porque conforme a estas palabras he hecho pacto contigo y con Israel (Éxodo 34.27).

Mas a cualquiera que no oyere mis palabras que él hablare en mi nombre, yo le pediré cuenta (Deuteronomio 18.19).

Aplicad vuestro corazón a todas las palabras que yo os testifico hoy, para que las mandéis a vuestros hijos, a fin de que cuiden de cumplir todas las palabras de esta ley. Porque no os es cosa vana; es vuestra vida, y por medio de esta ley haréis prolongar vuestros días sobre la tierra adonde vais, pasando el Jordán, para tomar posesión de ella (Deuteronomio 32.46–47).

Y cuando el rey hubo oído las palabras del libro de la ley, rasgó sus vestidos... Id y preguntad a Jehová por mí, y por el pueblo, y por todo Judá, acerca de las palabras de este libro que se ha hallado; porque grande es la ira de Jehová que se ha encendido contra nosotros, por cuanto nuestros padres no escucharon las palabras de este libro (2 Reyes 22.11–13).

Mas ellos hacían escarnio de los mensajeros de Dios, y menospreciaban sus palabras, burlándose de sus profetas, hasta que subió la ira de Jehová contra su pueblo, y no hubo ya remedio (2 Crónicas 36.16).

Desfallece mi alma por tu salvación, Mas espero en tu palabra... Lámpara es a mis pies tu palabra, y lumbrera a mi camino... Por heredad he tomado tus testimonios para siempre, porque son el gozo de mi corazón. Mi corazón incliné a cumplir tus estatutos de continuo, hasta el fin (Salmo 119.81, 105, 111–112).

La exposición de tus palabras alumbra; hace entender a los simples... La suma de tu palabra es verdad, y eterno es todo juicio de tu justicia (Salmo 119.130, 160).

Me postraré hacia tu santo templo, y alabaré tu nombre por tu misericordia y tu fidelidad; porque has engrandecido tu nombre, y tu palabra sobre todas las cosas (Salmo 138.2).

[Yo soy Dios] Que anuncio lo por venir desde el principio, y desde la antigüedad lo que aún no era hecho; que digo: Mi consejo permanecerá, y haré todo lo que quiero... Yo hablé, y lo haré venir; lo he pensado, y también lo haré (Isaías 46.10–11).

Así será mi palabra que sale de mi boca; no volverá a mí vacía, sino que hará lo que yo quiero, y será prosperada en aquello para que la envié (Isaías 55.11).

¿No es mi palabra como fuego, dice Jehová, y como martillo que quebranta la piedra? (Jeremías 23.29)

Jehová ha hecho lo que tenía determinado; ha cumplido su palabra, la cual él había mandado desde tiempo antiguo... ¿Quién será aquel que diga que sucedió algo que el Señor no mandó? (Lamentaciones 2.17; 3.37)

Les hablarás, pues, mis palabras, escuchen o dejen de escuchar; porque son muy rebeldes... Diles, por tanto: Así ha dicho Jehová el Señor: No se tardará más ninguna de mis palabras, sino que la palabra que yo hable se cumplirá, dice Jehová el Señor (Ezequiel 2.7, 12.28).

Porque por tus palabras serás justificado, y por tus palabras serás condenado (Mateo 12.37).

El cielo y la tierra pasarán, pero mis palabras no pasarán (Mateo 24.35).

Porque nada hay imposible para Dios (Lucas 1.37).

En el principio era el Verbo, y el Verbo era con Dios, y el Verbo era Dios... En él estaba la vida, y la vida era la luz de los hombres (Juan 1.1, 4).

De cierto, de cierto os digo: El que oye mi palabra, y cree al que me envió, tiene vida eterna; y no vendrá a condenación, mas ha pasado de muerte a vida... De cierto, de cierto os digo, que el que guarda mi palabra, nunca verá muerte (Juan 5.24; 8.51).

El espíritu es el que da vida; la carne para nada aprovecha; las palabras que yo os he hablado son espíritu y son vida... Le respondió Simón Pedro: Señor, ¿a quién iremos? Tú tienes palabras de vida eterna (Juan 6.63, 68).

Así que la fe es por el oír, y el oír, por la palabra de Dios (Romanos 10.17).

Mas la palabra de Dios no está presa (2 Timoteo 2.9).

Siendo renacidos, no de simiente corruptible, sino de incorruptible, por la palabra de Dios que vive y permanece para siempre. Porque... La hierba se seca, y la flor se cae; mas la palabra del Señor permanece para siempre. Y esta es la palabra que por el evangelio os ha sido anunciada (1 Pedro 1.23–25).

La palabra de Dios permanece en vosotros, y habéis vencido al maligno (1 Juan 2.14).

El que tiene la espada aguda de dos filos dice esto ... Por tanto, arrepiéntete; pues si no, vendré a ti pronto, y pelearé contra ellos con la espada de mi boca (Apocalipsis 2.12, 16).

Y el que estaba sentado en el trono dijo: He aquí, yo hago nuevas todas las cosas. Y me dijo: Escribe; porque estas palabras son fieles y verdaderas (Apocalipsis 21.5).

Oración

Señor, me regocijo porque la espada del Espíritu—la Palabra de Dios, nuestra arma principal—me ayuda a orar de modo tanto defensivo como ofensivo. Gracias, Jesús, por darnos el ejemplo cuando declaraste las Escrituras para vencer a Satanás en el desierto. Enséñame a blandir esta espada del Espíritu con poder en mis oraciones para que pueda tener victoria sobre el enemigo. En tu nombre, amén.

LA ALABANZA
COMO ARMA

Alabanzas, adulación, felicitaciones—colmamos con este tipo de sentimientos a las personas que han logrado alguna meta o que se han desempeñado bien en alguna manera. Pero los guerreros espirituales apercibidos han aprendido el poder de alabar a Dios *antes* de ver evidencia de su intervención en el asunto por el cual oran. Podemos ofrecer acción de gracias con tal confianza debido a quién es él: un Dios de amor, fidelidad, santidad y justicia.

Las Escrituras declaran: «El es la Roca, cuya obra es perfecta, porque todos sus caminos son rectitud; Dios de verdad, y sin ninguna iniquidad en él; es justo y recto» (Deuteronomio 32.4). Cuando alabamos a Dios a pesar de las circunstancias negativas, afirmamos su poder y victoria sobre dichas circunstancias. Tres resultados importantes fluyen de nuestra alabanza:

1. Dios recibe la gloria.

2. Nuestra fe aumenta y nos sentimos vigorizados por el gozo del Señor que acompaña a la alabanza.

3. El enemigo se aterra y sus planes se confunden (vea 2 Crónicas 20.22).

Puesto que el diablo conoce el poder de la alabanza, trabaja diligentemente para disuadir a los cristianos del uso de esta arma poderosa en contra de su reino de tinieblas. Jack R. Taylor escribe:

Nada aterra al diablo y a los demonios como la alabanza. La alabanza trae la conciencia de la presencia de Dios con todo lo que la acompaña. Los mentirosos del abismo no pueden ofrecer sus

mercaderías con eficacia cuando hay una atmósfera de alabanza. Puesto que ésta es una vestidura, podemos elegir ponérnosla
como lo hacemos con una camisa, blusa o abrigo. El uso cons-
tante de ella aleja a los espíritus de depresión, desánimo y desesperación... La alabanza, el ejercicio que continuará en el cielo,
está grabada en la memoria del diablo y de los demás ángeles
caídos. El recuerdo de su revolución anulada, en la cual perdie-
ron sus puestos elevados, es inquietante y claro en sus mentes...
Cuando escuchan alabanzas bíblicas, esto los lleva al pánico. Se
sienten irritados y devastados... Sus filas se deshacen. Para ellos,
el sonido de la alabanza es como el sonido del metal raspando un
cristal.[1]

Pablo y Silas, azotados y echados en prisión por haber echado fuera
a un demonio de una muchacha esclava, hallaron que la alabanza fue
sumamente eficaz en medio de una situación desesperante (vea Hechos
16.16–36). Alabaron a Dios a pesar de las circunstancias, sabiendo que
podían confiar en él completamente, sin importar el resultado. El enemigo sencillamente no puede vencer este tipo de fe, y sus planes se sumen
en la confusión.

Declare los versículos de alabanza de las Escrituras dados a continuación para provocar al enemigo a la confusión, y para hacer retroceder las
fuerzas de las tinieblas y la desesperanza. Algunos de estos pasajes pueden cantarse también, lo cual puede multiplicar la eficacia de la alabanza.

Escrituras

Cantaré yo a Jehová, porque se ha magnificado grandemente; ha
echado en el mar al caballo y al jinete. Jehová es mi fortaleza y
mi cántico, Y ha sido mi salvación. Este es mi Dios, y lo alabaré;
Dios de mi padre, y lo enalteceré (Éxodo 15.1–2).

Invocaré a Jehová, quien es digno de ser alabado, y seré salvo de
mis enemigos... Por tanto, yo te confesaré entre las naciones, oh
Jehová, y cantaré a tu nombre (2 Samuel 22.4, 50).

Cantad a él, cantadle salmos; hablad de todas sus maravillas... Porque grande es Jehová, y digno de suprema alabanza, y de ser temi-
do sobre todos los dioses... Alégrense los cielos, y gócese la tierra,
y digan en las naciones: Jehová reina (1 Crónicas 16.9, 25, 31).

Bendito seas tú, oh Jehová, Dios de Israel nuestro padre, desde el siglo y hasta el siglo. Tuya es, oh Jehová, la magnificencia y el poder, la gloria, la victoria y el honor; porque todas las cosas que están en los cielos y en la tierra son tuyas. Tuyo, oh Jehová, es el reino, y tú eres excelso sobre todos (1 Crónicas 29.10–11).

Y habido consejo con el pueblo, [Josafat] puso a algunos que cantasen y alabasen a Jehová, vestidos de ornamentos sagrados, mientras salía la gente armada, y que dijesen: Glorificad a Jehová, porque su misericordia es para siempre. Y cuando comenzaron a entonar cantos de alabanza, Jehová puso... las emboscadas de ellos mismos que venían contra Judá, y se mataron los unos a los otros... Y todo Judá y los de Jerusalén, y Josafat a la cabeza de ellos, volvieron para regresar a Jerusalén gozosos, porque Jehová les había dado gozo librándolos de sus enemigos (2 Crónicas 20.21–22, 27).

Oh Jehová, Señor nuestro, cuán glorioso es tu nombre en toda la tierra! Has puesto tu gloria sobre los cielos; de la boca de los niños y de los que maman, fundaste la fortaleza, a causa de tus enemigos, para hacer callar al enemigo y al vengativo (Salmo 8.1–2).

Mas los justos se alegrarán; se gozarán delante de Dios, y saltarán de alegría. Cantad a Dios, cantad salmos a su nombre; exaltad al que cabalga sobre los cielos. JAH es su nombre; alegraos delante de él (Salmo 68.3–4).

Cantad a Jehová cántico nuevo; cantad a Jehová, toda la tierra. Cantad a Jehová, bendecid su nombre; anunciad de día en día su salvación. Proclamad entre las naciones su gloria, en todos los pueblos sus maravillas. Porque grande es Jehová, y digno de suprema alabanza; temible sobre todos los dioses (Salmo 96.1–4).

Cantad a Jehová cántico nuevo; su alabanza sea en la congregación de los santos... Alaben su nombre con danza; con pandero y arpa a él canten... Exalten a Dios con sus gargantas, y espadas de dos filos en sus manos, para ejecutar venganza entre las naciones, y castigo entre los pueblos; para aprisionar a sus reyes con grillos, y a sus nobles con cadenas de hierro; para ejecutar en ellos el juicio decretado (Salmo 149.1–3, 6–9).

Alabad a Dios en su santuario; alabadle en la magnificencia de su firmamento. Alabadle por sus proezas; alabadle conforme a la muchedumbre de su grandeza. Alabadle a son de bocina; alabadle con salterio y arpa. Alabadle con pandero y danza; alabadle con cuerdas y flautas. Alabadle con címbalos resonantes; alabadle con címbalos de júbilo. Todo lo que respira alabe a JAH. Aleluya (Salmo 150).

Jehová, tú eres mi Dios; te exaltaré, alabaré tu nombre, porque has hecho maravillas; tus consejos antiguos son verdad y firmeza... Y se dirá en aquel día: He aquí, éste es nuestro Dios, le hemos esperado, y nos salvará; éste es Jehová a quien hemos esperado, nos gozaremos y nos alegraremos en su salvación (Isaías 25.1, 9).

Cantad a Jehová, load a Jehová; porque ha librado el alma del pobre de mano de los malignos (Jeremías 20.13).

Y Daniel habló y dijo: Sea bendito el nombre de Dios de siglos en siglos, porque suyos son el poder y la sabiduría. Él muda los tiempos y las edades; quita reyes, y pone reyes; da la sabiduría a los sabios, y la ciencia a los entendidos. Él revela lo profundo y lo escondido; conoce lo que está en tinieblas, y con él mora la luz. A ti, oh Dios de mis padres, te doy gracias y te alabo (Daniel 2.20–23).

Aunque la higuera no florezca, ni en las vides haya frutos, aunque falte el producto del olivo, y los labrados no den mantenimiento, y las ovejas sean quitadas de la majada, y no haya vacas en los corrales; con todo, yo me alegraré en Jehová, y me gozaré en el Dios de mi salvación. Jehová el Señor es mi fortaleza, el cual hace mis pies como de ciervas, y en mis alturas me hace andar (Habacuc 3.17–19).

Entonces María dijo: Engrandece mi alma al Señor; y mi espíritu se regocija en Dios mi Salvador (Lucas 1.46–47).

En aquella misma hora Jesús se regocijó en el Espíritu, y dijo: Yo te alabo, oh Padre, Señor del cielo y de la tierra, porque escondiste estas cosas de los sabios y entendidos, y las has revelado a los niños (Lucas 10.21).

Bendito sea el Dios y Padre de nuestro Señor Jesucristo, que nos bendijo con toda bendición espiritual en los lugares celestiales en Cristo (Efesios 1.3).

Así que, ofrezcamos siempre a Dios, por medio de él, sacrificio de alabanza, es decir, fruto de labios que confiesan su nombre (Hebreos 13.15).

Al único y sabio Dios, nuestro Salvador, sea gloria y majestad, imperio y potencia, ahora y por todos los siglos. Amén (Judas 25).

[Muchos ángeles] que decían a gran voz: El Cordero que fue inmolado es digno de tomar el poder, las riquezas, la sabiduría, la fortaleza, la honra, la gloria y la alabanza. Y a todo lo creado que está en el cielo, y sobre la tierra, y debajo de la tierra, y en el mar, y a todas las cosas que en ellos hay, oí decir: Al que está sentado en el trono, y al Cordero, sea la alabanza, la honra, la gloria y el poder, por los siglos de los siglos (Apocalipsis 5.12–13).

Grandes y maravillosas son tus obras, Señor Dios Todopoderoso; justos y verdaderos son tus caminos, Rey de los santos. ¿Quién no te temerá, oh Señor, y glorificará tu nombre? pues sólo tú eres santo; por lo cual todas las naciones vendrán y te adorarán, porque tus juicios se han manifestado (Apocalipsis 15.3–4).

Oración

Señor, fortaléceme para que pueda alabarte sin importar lo que está sucediendo a mi alrededor. Tú creaste todas las cosas. Tienes autoridad sobre todo, y sólo tú eres digno de recibir toda la alabanza y la adoración. Enséñame el poder que hay en alabarte aun antes de ver las respuestas a mis oraciones. En mis tiempos de espera, ayúdame a mantener mis ojos puestos en ti y no en mis circunstancias. ¡Sé que siempre eres fiel! Amén.

EL MISMO SENTIR
PRODUCE CONFIANZA

«Huye el impío sin que nadie lo persiga; Mas el justo está confiado como un león» (Proverbios 28.1). *Confiado como un león.* Así deben ser los guerreros espirituales cuando enfrentan al enemigo y claman al Señor pidiendo ayuda.

Jesús cuenta una parábola acerca de un hombre persistente que a medianoche acude a su vecino para pedirle tres panes para ofrecérselos a un visitante inesperado. Toca a la puerta una y otra vez y sigue tocando. Tiene una petición específica. Finalmente, el vecino renuentemente se levanta y le entrega los tres panes que desea (vea Lucas 11.5–13).

Esta historia, en lugar de tratar sobre cómo intentar vencer una supuesta renuencia de Dios a responder a nuestras oraciones, trata de pedir por una necesidad específica con una confianza y persistencia carentes de vergüenza. Jesús dice: «Os digo, que aunque no se levante a dárselos por ser su amigo, sin embargo por su importunidad se levantará y le dará todo lo que necesite. Y yo os digo: Pedid, y se os dará; buscad, y hallaréis; llamad, y se os abrirá» (Lucas 11.8–9). El maestro de la Biblia Jack Hayford comenta sobre esta parábola:

> La lección gira en torno a una sola idea: confianza carente de ver-
> güenza... La confianza es su privilegio. Nuestra tarea es pedir; su
> promesa es dar—tanto como necesitemos. Demasiadas personas
> titubean al orar. Titubean como resultado de un sentimiento de
> no ser dignos, una sensación de lejanía de la deidad, dudas en
> cuanto a la voluntad de Dios en el asunto... el temor que Dios
> no escuchará... Jesús da el golpe de gracia a tales titubeos: pida.
> Pida con un atrevimiento sin reparo; pida con confianza carente
> de vergüenza, es la orden que nos da. Y cuando lo hacemos, él
> enseña claramente: «Tu Amigo, mi Padre, hará lo que prometió y
> se asegurará de proveer todo lo que necesites».[1]

El poder de estar de acuerdo con alguien

Su oración privada es importante y poderosa, pero orar con un compañero fortalece su eficacia. Jesús nos animó: «Otra vez os digo, que si dos de vosotros se pusieren de acuerdo en la tierra acerca de cualquiera cosa que pidieren, les será hecho por mi Padre que está en los cielos. Porque donde están dos o tres congregados en mi nombre, allí estoy yo en medio de ellos (Mateo 18.19–20).

La frase «se pusieren de acuerdo» en este versículo se deriva de un vocablo griego del cual obtenemos la palabra castellana «sinfonía». El vocablo griego significa estar en armonía o de acuerdo, o tener un mismo sentir. Jesús siempre estaba de acuerdo con su Padre celestial, y nunca hacía ni decía nada que el Padre no le indicara. De igual manera, podemos pedirle al Señor que nos dé su sentir en cuanto a una situación o problema y luego ponernos de acuerdo en oración con un compañero hasta que veamos resultados.

Recuerde que las batallas no siempre se ganan instantáneamente; hay que ser persistentes. Y cada batalla requiere de una estrategia diferente—para ello, necesitamos la guía del Espíritu Santo y estar de acuerdo con Él.

Pida al Señor que le dé un apoyo de oración adecuado —ya sea una persona o un grupo— que esté de acuerdo en oración con la manera que Dios le ha mostrado que debe orar. Busque compañeros que sean constantes y que oren con usted hasta que se logre la victoria. Aquí tenemos dos ilustraciones del poder de estar de acuerdo, sacadas de las Escrituras:

Pero a medianoche, orando Pablo y Silas, cantaban himnos a Dios; y los presos los oían. Entonces sobrevino de repente un gran terremoto, de tal manera que los cimientos de la cárcel se sacudían; y al instante se abrieron todas las puertas, y las cadenas de todos se soltaron (Hechos 16.25–26).

El cual [Dios] nos libró [Pablo, empleando el plural como estrategia literaria], y nos libra, y en quien esperamos que aún nos librará, de tan gran muerte; cooperando también vosotros a favor nuestro con la oración, para que por muchas personas sean dadas gracias a favor nuestro por el don concedido a nosotros por medio de muchos (2 Corintios 1.10–11).

Intervención angélica

No sólo debemos de orar con confianza y de acuerdo común, sino que también podemos contar que Dios nos enviará refuerzos celestiales: ángeles. Vemos varias instancias en las cuales él hace esto en las Escrituras:

2 Reyes 6.17	El siervo de Eliseo ve a carros invisibles que los protegen.
Salmo 34.6–7	Un ángel viene a ayudar a David.
Salmo 91.11	Dios promete enviar a sus ángeles a proteger a uno de sus hijos.
Daniel 6.22	Un ángel cierra la boca de los leones y salva a Daniel.
Daniel 10.5–14	Un ángel trae la respuesta a la oración de Daniel después de enfrentar la oposición de un «príncipe» satánico.

Thomas B. White, en *The Believer's Guide to Spiritual Warfare* [La guía de la guerra espiritual para el creyente], explica:

La conexión entre la oración y las operaciones angélicas no cesó durante la iglesia primitiva. Cuando Pedro estuvo en prisión (Hechos 12), la iglesia oró con denuedo y un ángel vino para librar al apóstol. Hechos 12.15 da evidencia de la posibilidad de que existan los ángeles que nos cuidan.. Existe una conexión entre el llamado y el desarrollo de la voluntad de Dios. Pero no podemos saber, ni debemos intentar averiguar el grado hasta el cual los ángeles dependen de nuestras oraciones... Nuestra responsabilidad es orar con denuedo y confiar que Dios obrará. Nuestra confianza deberá ser que cuando oramos con fe, el Señor escucha y escoge los medios a través de los cuales hará su obra.[2]

Podemos pedirle al Señor que intervenga con ángeles. Las Escrituras dicen que son «espíritus ministradores, enviados para servicio a favor de los que serán herederos de la salvación» (Hebreos 1.14). Pero no vemos apoyo bíblico para el concepto de que tenemos el derecho de ordenar a ángeles que cumplan nuestros deseos. Pero algunas veces, en una emergencia, podemos clamar usando una oración adaptada del Salmo

91.11–12: «Señor, ¡envía a tus ángeles para proteger a nuestro hijo en esa tormenta terrible! Gracias por mantenerlo a salvo». A continuación presentamos versículos bíblicos que puede orar de acuerdo con uno o más compañeros de oración, según el Espíritu Santo dirija su estrategia para la batalla.

Escrituras

Y Moisés dijo al pueblo: No temáis; estad firmes, y ved la salvación que Jehová hará hoy con vosotros; porque los egipcios que hoy habéis visto, nunca más para siempre los veréis (Éxodo 14.13). Mira que te mando que te esfuerces y seas valiente; no temas ni desmayes, porque Jehová tu Dios estará contigo en dondequiera que vayas (Josué 1.9).

Entonces dijo David al filisteo: Tú vienes a mí con espada y lanza y jabalina; mas yo vengo a ti en el nombre de Jehová de los ejércitos, el Dios de los escuadrones de Israel, a quien tú has provocado. Jehová te entregará hoy en mi mano... Y sabrá toda esta congregación que Jehová no salva con espada y con lanza; porque de Jehová es la batalla, y él os entregará en nuestras manos (1 Samuel 17.45–47).

Dios es el que me ciñe de fuerza, y quien despeja mi camino; quien hace mis pies como de ciervas, y me hace estar firme sobre mis alturas; quien adiestra mis manos para la batalla, de manera que se doble el arco de bronce con mis brazos... Pues me ceñiste de fuerzas para la pelea; has humillado a mis enemigos debajo de mí, y has hecho que mis enemigos me vuelvan las espaldas, para que yo destruyese a los que me aborrecen (2 Samuel 22.33–35, 40–41).

El le dijo: No tengas miedo, porque más son los que están con nosotros que los que están con ellos. Y oró Eliseo, y dijo: Te ruego, oh Jehová, que abras sus ojos para que vea. Entonces Jehová abrió los ojos del criado, y miró; y he aquí que el monte estaba lleno de gente de a caballo, y de carros de fuego alrededor de Eliseo (2 Reyes 6.16–17).

No habrá para qué peleéis vosotros en este caso; paraos, estad quietos, y ved la salvación de Jehová con vosotros. Oh Judá y

Jerusalén, no temáis ni desmayéis; salid mañana contra ellos, porque Jehová estará con vosotros (2 Crónicas 20.17).

Porque el gozo de Jehová es vuestra fuerza (Nehemías 8.10).

Contigo desbarataré ejércitos, y con mi Dios asaltaré muros (Salmo 18.29).

Como pasa el torbellino, así el malo no permanece; mas el justo permanece para siempre (Proverbios 10.25).

Fortaleced las manos cansadas, afirmad las rodillas endebles. Decid a los de corazón apocado: Esforzaos, no temáis; he aquí que vuestro Dios viene con retribución, con pago; Dios mismo vendrá, y os salvará (Isaías 35.3–4).

He aquí que yo soy Jehová, Dios de toda carne; ¿habrá algo que sea difícil para mí? (Jeremías 32.27)

Mas el pueblo que conoce a su Dios se esforzará y actuará [guiado por Dios] (Daniel 11.32).

Después de estas cosas, designó el Señor también a otros setenta, a quienes envió de dos en dos delante de él a toda ciudad y lugar adonde él había de ir. Y les decía: La mies a la verdad es mucha, mas los obreros pocos; por tanto, rogad al Señor de la mies que envíe obreros a su mies. Id; he aquí yo os envío como corderos en medio de lobos (Lucas 10.1–3).

Pero recibiréis poder, cuando haya venido sobre vosotros el Espíritu Santo, y me seréis testigos en Jerusalén, en toda Judea, en Samaria, y hasta lo último de la tierra (Hechos 1.8).

Os ruego, pues, hermanos, por el nombre de nuestro Señor Jesucristo, que habléis todos una misma cosa, y que no haya entre vosotros divisiones, sino que estéis perfectamente unidos en una misma mente y en un mismo parecer (1 Corintios 1.10).

Velad, estad firmes en la fe; portaos varonilmente, y esforzaos (1 Corintios 16.13).

No nos cansemos, pues, de hacer bien; porque a su tiempo segaremos, si no desmayamos (Gálatas 6.9).

Someteos, pues, a Dios; resistid al diablo, y huirá de vosotros... Tened también vosotros paciencia, y afirmad vuestros corazones; porque la venida del Señor se acerca (Santiago 4.7, 5.8).

Sed sobrios, y velad; porque vuestro adversario el diablo, como león rugiente, anda alrededor buscando a quien devorar; al cual resistid firmes en la fe, sabiendo que los mismos padecimientos se van cumpliendo en vuestros hermanos en todo el mundo (1 Pedro 5.8–9).

Oración

Señor, te agradezco porque puedo acudir a ti en oración sin temor,
con denuedo y con confianza. Dame la perspectiva y el entendimiento
correctos para orar según lo que hay en tu corazón.
Señor, ayúdame a orar siempre conforme a tu voluntad.
Conéctame con compañeros de oración a fin de que podamos
estar de acuerdo y orar según tus planes y propósitos.
¡Gracias por el privilegio de la oración!
Te alabo en el nombre de Jesús, amén.

OTRAS ESTRATEGIAS
PARA LA BATALLA

Ahora enfocamos nuestra atención a otras cuatro estrategias eficaces para la guerra espiritual: el ayuno, el llanto, la risa y los gritos de gozo. Dependiendo de lo que Dios quiera lograr a través de nosotros en un período particular de intercesión, el Espíritu Santo puede guiarnos a cuándo utilizar cada herramienta específica.

El ayuno

Abstenerse de alimentos es un acto físico que tiene gran significado espiritual. Junto con la oración, puede ser un arma poderosa en la guerra espiritual. Una vez cuando los discípulos fueron incapaces de sanar a un muchacho lunático, Jesús les dijo que su falta de eficacia se debía a su falta de fe. Luego añadió: «Pero este género no sale sino con oración y ayuno» (Mateo 17.21).

Jesús mismo ayunó antes de enfrentar eventos trascendentales en su ministerio y está claro que esperaba que sus seguidores ayunaran también.

> Cuando ayunéis, no seáis austeros, como los hipócritas; porque ellos demudan sus rostros para mostrar a los hombres que ayunan; de cierto os digo que ya tienen su recompensa. Pero tú, cuando ayunes, unge tu cabeza y lava tu rostro, para no mostrar a los hombres que ayunas, sino a tu Padre que está en secreto; y tu Padre que ve en lo secreto te recompensará en público (Mateo 6.16–18).

Los discípulos de Juan censuraron a Jesús porque sus discípulos no ayunaban. Jesús les respondió que mientras el esposo estuviera con ellos, no era necesario que ayunaran. Pero que cuando Jesús les fuera quitado, entonces sus seguidores ayunarían (vea Mateo 9.14–15). Eso ciertamente nos incluye a nosotros hoy. Vemos muchos otros ejemplos de ayuno en la Biblia:

David	2 Samuel 12.16, Salmo 109.24
Nehemías	Nehemías 1.4
Ester	Ester 4.16
Daniel	Daniel 9.3
El pueblo de Dios	Joel 1.14; 2.12
Los discípulos de Juan	Mateo 9.14–15, Marcos 2.18–22, Lucas 5.33–39
Ana	Lucas 2.37
La iglesia en Antioquía	Hechos 13.2–3
Pablo	2 Corintios 11.27

Las Escrituras declaran la razón del ayuno: «¿No es más bien el ayuno que yo [Dios] escogí, desatar las ligaduras de impiedad, soltar las cargas de opresión, y dejar ir libres a los quebrantados, y que rompáis todo yugo? (Isaías 58.6)

Además de libertar a los oprimidos, el ayuno y la oración también pueden dar dirección y respuestas de Dios, estrategia para la guerra, revelación nueva de las Escrituras, un andar más cercano con el Señor, humillación personal y libertad de espíritus malignos. En su libro, *El ayuno escogido por Dios*, Arthur Wallis afirma:

Por supuesto que no debemos pensar en el ayuno como si se tratara de una huelga de hambre con el fin de forzar la mano de Dios y conseguir lo que buscamos. La oración, sin embargo, es mucho más compleja que la simple petición de un hijo a un padre amoroso para que supla sus necesidades. La oración es arte de guerra, es lucha. Hay fuerzas que se oponen. Existen corrientes espirituales que se cruzan... El hombre que ora con ayuno está indicándole al cielo de que en verdad es sincero, de que no va a darse por vencido y que no dejará que Dios se vaya sin la bendición.[1]

Ayunos individuales

Cuando ayune, asegúrese de orar y leer las Escrituras. Dé tiempo suficiente para que Dios le hable, ya sea a través de la Palabra, o de la voz apacible y delicada del Espíritu Santo que susurra a su corazón. El profeta Daniel escribió acerca de su experiencia con el ayuno:

> Y volví mi rostro a Dios el Señor, buscándole en oración y ruego, en ayuno, cilicio y ceniza... Aún estaba hablando y orando, y confesando mi pecado y el pecado de mi pueblo Israel, y derramaba mi ruego delante de Jehová mi Dios... cuando el varón Gabriel, a quien había visto en la visión al principio, volando con presteza, vino a mí como a la hora del sacrificio de la tarde. Y me hizo entender, y habló conmigo, diciendo: Daniel, ahora he salido para darte sabiduría y entendimiento (Daniel 9.3, 20–22).

Si por motivos de salud usted no puede practicar un ayuno prolongado, puede probar un ayuno modificado, o puede abstenerse de un alimento o actividad favorito como un acto de negarse a sí mismo durante un período específico apartado para orar. Empiece con ayunos de uno a tres días antes de intentar un período más prolongado, y beba mucha agua o jugos diluidos durante el ayuno. El motivo del corazón es más importante que la duración del ayuno. Lo importante es la apertura y obediencia a la voz del Espíritu Santo.

Espere enfrentar oposición de Satanás cuando inicie un ayuno. Él atacó a Jesús en el desierto, y lo tentó a convertir las piedras en pan luego que había pasado cuarenta días sin alimento. Pídale a Dios que le dé fuerzas para vencer los ataques de debilidad, dolores de hambre exageradamente fuertes, náuseas o jaquecas. Tal como Jesús respondió al tentador citando la Palabra de Dios, nosotros podemos hacer lo mismo: «No sólo de pan vivirá el hombre, sino de toda palabra que sale de la boca de Dios» (Mateo 4.4).

Ayunos colectivos

Cuando una alianza de enemigos había determinado atacar al pueblo de Judá, mensajeros trajeron noticias de ello al rey Josafat. Alarmado por estas noticias, las Escrituras dicen que el rey «humilló su rostro para consultar a Jehová, e hizo pregonar ayuno a todo Judá» (2 Crónicas 20.3). Dios respondió a su ayuno, confesión y oración conjunta dándoles una estrategia para que prevalecieran sobre sus enemigos. (Vea el capítulo completo en 2 Crónicas para ver la inspiradora narración de esta victoria.)

En una ocasión en que el pueblo de Judá sufría el juicio de Dios por su desobediencia, Dios dijo a Joel que hiciera un llamado a que el pueblo ayunara y se arrepintiera.

> Proclamad ayuno, convocad a asamblea; congregad a los ancianos y a todos los moradores de la tierra en la casa de Jehová vuestro Dios, y clamad a Jehová (Joel 1.14).

> Por eso pues, ahora, dice Jehová, convertíos a mí con todo vuestro corazón, con ayuno y lloro y lamento. Rasgad vuestro corazón, y no vuestros vestidos, y convertíos a Jehová vuestro Dios; porque misericordioso es y clemente, tardo para la ira y grande en misericordia, y que se duele del castigo. ¿Quién sabe si volverá y se arrepentirá y dejará bendición tras de él, esto es, ofrenda y libación para Jehová vuestro Dios? Tocad trompeta en Sion, proclamad ayuno, convocad asamblea (Joel 2.12–15).

Oración para cuando se ayuna

Señor, ayúdame a obedecer tu llamado a ayunar y orar,
y buscar tu dirección. Sé que ayunar puede lograr mucho en mí,
al igual que en la situación o personas por quienes estoy intercediendo.
Dame guía sobre el tiempo por el cual ayunar, y dame tus fuerzas para hacerlo.
Mi espíritu está dispuesto, pero mi cuerpo frecuentemente
es frágil. Dame tu sabiduría, Señor, y ayúdame a glorificarte
a través de mi ayuno. En el nombre de Jesús, amén.

El llanto

Dios promete: «Los que sembraron con lágrimas, con regocijo segarán. Irá andando y llorando el que lleva la preciosa semilla; mas volverá a venir con regocijo, trayendo sus gavillas» (Salmo 126.5–6). Dick Eastman, un popular maestro sobre los temas de la oración y la intercesión, comenta sobre este Salmo:

> En la Escritura, las lágrimas desempeñan un papel único en el crecimiento espiritual. Aquí descubrimos que cuando se siembra

con lágrimas, no sólo se recogerá una cosecha espiritual, sino que ello dejará un espíritu de regocijo en el sembrador. Este pasaje, junto con otros en la Escritura que se relacionan con un espíritu sufrido, describe varios propósitos y funciones relacionados con lo que podría llamarse «el ministerio de las lágrimas», un ministerio que Charles H. Spurgeon definió como la «oración líquida».[2]

Dick Eastman procede a mencionar seis tipos diferentes de lágrimas:

1. Lágrimas de pena o sufrimiento (2 Reyes 20.5)
2. Lágrimas de gozo (Génesis 33.4)
3. Lágrimas de compasión (Juan 11.35)
4. Lágrimas de desesperación (Ester 4.1, 3)
5. Lágrimas de agonía, o de parto (Isaías 42.14)
6. Lágrimas de arrepentimiento (Joel 2.12–13)[3]

En nuestros momentos de quietud con el Señor, podríamos hallarnos llorando o luchando mientras oramos. Nuestro llanto puede deberse a cualquiera de las razones previamente mencionadas. El lamento de David que se registra en este Salmo nos muestra que nuestras lágrimas son valiosas para Dios:

Mis huidas tú has contado; pon mis lágrimas en tu redoma; ¿no están ellas en tu libro? Serán luego vueltos atrás mis enemigos, el día en que yo clamare; esto sé, que Dios está por mí (Salmo 56.8–9).

Escrituras sobre el llanto

Ríos de agua descendieron de mis ojos, porque no guardaban tu ley (Salmo 119.136).

Destruirá a la muerte para siempre; y enjugará Jehová el Señor toda lágrima de todos los rostros; y quitará la afrenta de su pueblo de toda la tierra; porque Jehová lo ha dicho (Isaías 25.8).

¡Oh, si mi cabeza se hiciese aguas, y mis ojos fuentes de lágrimas, para que llore día y noche los muertos de la hija de mi pueblo! (Jeremías 9.1)

Mas si no oyereis esto, en secreto llorará mi alma a causa de vuestra soberbia; y llorando amargamente se desharán mis ojos en lágrimas, porque el rebaño de Jehová fue hecho cautivo (Jeremías 13.17).

Así ha dicho Jehová: Reprime del llanto tu voz, y de las lágrimas tus ojos; porque salario hay para tu trabajo, dice Jehová, y volverán de la tierra del enemigo (Jeremías 31.16).

Entre la entrada y el altar lloren los sacerdotes ministros de Jehová, y digan: Perdona, oh Jehová, a tu pueblo, y no entregues al oprobio tu heredad, para que las naciones se enseñoreen de ella. ¿Por qué han de decir entre los pueblos: Dónde está su Dios? (Joel 2.17)

Bienaventurados los que lloran, porque ellos recibirán consolación (Mateo 5.4).

Gozaos con los que se gozan; llorad con los que lloran (Romanos 12.15).

Porque por la mucha tribulación y angustia del corazón os escribí con muchas lágrimas, no para que fueseis contristados, sino para que supieseis cuán grande es el amor que os tengo (2 Corintios 2.4).

Y Cristo, en los días de su carne, ofreciendo ruegos y súplicas con gran clamor y lágrimas al que le podía librar de la muerte, fue oído a causa de su temor reverente (Hebreos 5.7).

Acercaos a Dios, y él se acercará a vosotros. Pecadores, limpiad las manos; y vosotros los de doble ánimo, purificad vuestros corazones. Afligíos, y lamentad, y llorad. Vuestra risa se convierta en lloro, y vuestro gozo en tristeza. Humillaos delante del Señor, y él os exaltará (Santiago 4.8–10).

Oración por el llanto

Señor, tú ves las lágrimas que derramo porque me identifico
con los que sufren y los que están perdidos, por quienes intercedo.
Dame un corazón compasivo y ayúdame a orar con discernimiento
y sabiduría por aquellos que has puesto en mi corazón.

Recíbe mis lágrimas como intercesión por sus necesidades
más profundas, Señor, y revélales tu amor y verdad.
En el nombre de Jesús, amén.

Risa desdeñosa

La risa podrá parecer una estrategia extraña para la guerra, pero cuando podemos reírnos a pesar de las actividades del enemigo en nuestra contra, rápidamente se dará a la fuga. Con frecuencia, en la Biblia se usa la risa para expresar burla, escarnio o desdén—una posición sumamente apropiada hacia Satanás. Cuando un poderoso rey enemigo amenazaba conquistar toda la tierra de Judá, el rey Ezequías oró por salvación y pidió a Dios que vindicara Su nombre. El Señor respondió a través del profeta Isaías con esta palabra:

> Esta es la palabra que Jehová ha pronunciado acerca de él: La virgen hija de Sion te menosprecia, te escarnece; detrás de ti mueve su cabeza la hija de Jerusalén. ¿A quién has vituperado y blasfemado? ¿y contra quién has alzado la voz, y levantado en alto tus ojos? Contra el Santo de Israel (2 Reyes 19.21–22).

El Espíritu Santo puede dirigir a los guerreros espirituales a que se rían con desdén de los planes del diablo. Un proverbio africano dice: «Cuando el ratón se ríe del gato, es porque hay un agujero cerca». El enemigo puede parecer más grande y fuerte que nosotros, pero podemos confiar que el Dios Todopoderoso nos librará.

Un pastor observa: «Dios nombró al hijo de Abraham Isaac, lo cual significa risa, y la Biblia frecuentemente se refiere de Jehová como el Dios de Isaac (risa). Cuando Abraham oyó por primera vez la promesa de que tendría un hijo a pesar de tener cien años de edad, se postró sobre su rostro y se rio (vea Génesis 17.17). Esa no fue una risita, sino una risa profunda del Espíritu Santo».

Sara también se rio para sí misma cuando pensó: «¿Después que he envejecido tendré deleite, siendo también mi señor ya viejo?» (Génesis 18.12). Luego, después que Isaac había nacido, ella dijo: «Dios me ha hecho reír, y cualquiera que lo oyere, se reirá conmigo» (Génesis 21.6).

Escrituras sobre la risa desdeñosa

El que mora en los cielos se reirá; el Señor se burlará de ellos (Salmo 2.4).

Maquina el impío contra el justo, y cruje contra él sus dientes; el Señor se reirá de él; porque ve que viene su día (Salmo 37.12–13).

Verán los justos, y temerán; se reirán de él, diciendo: He aquí el hombre que no puso a Dios por su fortaleza, sino que confió en la multitud de sus riquezas, y se mantuvo en su maldad. Pero yo estoy como olivo verde en la casa de Dios; en la misericordia de Dios confío eternamente y para siempre (Salmo 52.6–8).

He aquí proferirán con su boca; espadas hay en sus labios, porque dicen: ¿Quién oye? Mas tú, Jehová, te reirás de ellos; te burlarás de todas las naciones (Salmo 59.7–8).

Risa de gozo

Otras referencias de las Escrituras parecen señalar ocasiones de satisfacción y/o gozo recuperado. Pablo escribió: «Regocijaos en el Señor siempre. Otra vez digo: ¡Regocijaos!» (Filipenses 4.4) Sara se sintió complacida y se gozó de finalmente tener un hijo, y también hay otros ejemplos de mujeres en la Biblia que se regocijaron, incluyendo a María, la hermana de Moisés (vea Éxodo 15.20–21), Ana (vea 1 Samuel 2.1–10) y María (vea Lucas 1.46–55).

Escrituras sobre la risa de gozo

Aún llenará tu boca de risa, y tus labios de júbilo. Los que te aborrecen serán vestidos de confusión; y la habitación de los impíos perecerá (Job 8.21–22).

El corazón alegre constituye buen remedio; mas el espíritu triste seca los huesos (Proverbios 17.22).

Todo tiene su tiempo, y todo lo que se quiere debajo del cielo tiene su hora... tiempo de llorar, y tiempo de reír; tiempo de endechar, y tiempo de bailar (Eclesiastés 3.1–4).

Bienaventurados los que ahora tenéis hambre, porque seréis saciados. Bienaventurados los que ahora lloráis, porque reiréis (Lucas 6.21).

Gritos de gozo

Un grito puede ser desde una aclamación de gozo hasta un grito de batalla—una declaración decisiva de victoria. Puede ser un sonido estrepitoso, un clamor fuerte o un grito de entusiasmo.

Josué ordenó a los israelitas a marchar alrededor del muro de Jericó en silencio por seis días. Pero en el séptimo día, luego de haber marchado alrededor siete veces, el muro de derrumbó cuando gritaron a su mandato. «Gritad, porque Jehová os ha entregado la ciudad» (Josué 6.16). ¡Qué grito más glorioso debió haber sido aquél!

Las Escrituras declaran lo siguiente en cuanto al retorno de Jesús: «Porque el Señor mismo con voz de mando, con voz de arcángel, y con trompeta de Dios, descenderá del cielo; y los muertos en Cristo resucitarán primero» (1 Tesalonicenses 4.16). ¡Cuán gloriosa y gozosa será esa declaración de victoria!

Escrituras sobre los gritos de gozo

Y sacrificaron aquel día numerosas víctimas, y se regocijaron, porque Dios los había recreado con grande contentamiento; se alegraron también las mujeres y los niños; y el alborozo de Jerusalén fue oído desde lejos (Nehemías 12.43).

Luego levantará mi cabeza sobre mis enemigos que me rodean, y yo sacrificaré en su tabernáculo sacrificios de júbilo; cantaré y entonaré alabanzas a Jehová (Salmo 27.6).

Pueblos todos, batid las manos; aclamad a Dios con voz de júbilo. Porque Jehová el Altísimo es temible; Rey grande sobre toda la tierra... Subió Dios con júbilo, Jehová con sonido de trompeta (Salmo 47.1–2, 5).

Venid, aclamemos alegremente a Jehová; cantemos con júbilo a la roca de nuestra salvación (Salmo 95.1).

Sacó a su pueblo con gozo; con júbilo a sus escogidos (Salmo 104.43).

Voz de júbilo y de salvación hay en las tiendas de los justos; la diestra de Jehová hace proezas (Salmo 118.15).

Entonces nuestra boca se llenará de risa, y nuestra lengua de alabanza; entonces dirán entre las naciones: Grandes cosas ha hecho Jehová con éstos (Salmo 126.2).

Oración por la risa y los gritos de gozo

Señor, ¡gracias por el don de la risa!
Muéstranos cuándo reírnos desdeñosamente del enemigo
en nuestra guerra, cuando tú traes salvación y victoria a través
de tu poderosa mano. Gracias por las veces que podemos gritar
de gozo y tomar el botín del enemigo.
¡Te alabamos por tus maravillosas obras!
En el nombre de Jesús, amén.

SEGURIDAD DE
LA VICTORIA

Los guerreros espirituales necesitan recordarse a sí mismos y recordarle al enemigo que la derrota de este último es un hecho irreversible. La mejor manera de hacer esto es blandir las proclamaciones de la Palabra de Dios contra nuestro adversario, cuya ruina fue sellada en la cruz. Arthur Mathews afirma lo siguiente:

> Satanás es un enemigo derrotado, con su cabeza aplastada. No hay poder en él ni tiene medios disponibles para alcanzar y destronar al Vencedor del Calvario, que ahora está sentado a la diestra del Padre. No nos toca a nosotros pelear *por* la victoria... Nuestra lucha *parte* de la victoria; y desde este punto, facultados por el poder de Cristo y completamente vestidos de toda la armadura de Dios, obligamos a los poderes malignos a retirarse cuando les resistimos.[1]

Las Escrituras nos animan a ver más allá de las condiciones difíciles o aparentemente imposibles que Satanás utiliza en un intento de debilitar nuestra fe. Debemos fijar nuestros ojos espirituales en Jesús—«el autor y consumador de la fe» (Hebreos 12.2)—quien ha asegurado la victoria. Si creemos las promesas de Dios en lugar de las mentiras del enemigo, cooperamos con el plan de Dios para lograr el triunfo y confundir el plan del enemigo. Nuestra fe, anclada en la Palabra de Dios, no tiene por qué ser sacudida por las circunstancias. El autor puritano William Gurnall escribió:

> No he de creer lo que dice la Palabra meramente porque está de acuerdo con mi razón, sino que he de creerle a mi razón porque está de acuerdo con la Palabra. Un carpintero pone su regla contra la tabla para ver si está derecha o torcida; pero no es el ojo el

que mide sino la regla. Siempre puede confiar que su regla está derecha.[2]

Nuestra seguridad de victoria sobre Satanás se basa en la integridad e infalibilidad de la Palabra de Dios, no en nuestra interpretación de las circunstancias. Utilice los versículos siguientes de las Escrituras para declarar verbalmente su fe en las promesas de Dios y en su poder de cumplir esas promesas. Su declaración de la victoria inmoviliza el ataque del enemigo.

Escrituras que declaran las promesas de Dios

Visitó Jehová a Sara, como había dicho, e hizo Jehová con Sara como había hablado (Génesis 21.1).

Porque Jehová vuestro Dios va con vosotros, para pelear por vosotros contra vuestros enemigos, para salvaros... Jehová derrotará a tus enemigos que se levantaren contra ti; por un camino saldrán contra ti, y por siete caminos huirán de delante de ti (Deuteronomio 20.4; 28.7).

El eterno Dios es tu refugio, y acá abajo los brazos eternos; Él echó de delante de ti al enemigo, y dijo: Destruye (Deuteronomio 33.27).

Jehová saldrá como gigante, y como hombre de guerra despertará celo; gritará, voceará, se esforzará sobre sus enemigos (Isaías 42.13).

Y antes que clamen, responderé yo; mientras aún hablan, yo habré oído (Isaías 65.24).

Porque nada hay imposible para Dios... Y bienaventurada la que creyó, porque se cumplirá lo que le fue dicho de parte del Señor (Lucas 1.37, 45).

Si permanecéis en mí, y mis palabras permanecen en vosotros, pedid todo lo que queréis, y os será hecho. En esto es glorificado mi Padre, en que llevéis mucho fruto, y seáis así mis discípulos (Juan 15.7–8).

Porque preciso es que él [Cristo] reine hasta que haya puesto a todos sus enemigos debajo de sus pies. Y el postrer enemigo que será destruido es la muerte... entonces se cumplirá la palabra que está escrita: Sorbida es la muerte en victoria. ¿Dónde está, oh muerte, tu aguijón? ¿Dónde, oh sepulcro, tu victoria? ya que el aguijón de la muerte es el pecado, y el poder del pecado, la ley. Mas gracias sean dadas a Dios, que nos da la victoria por medio de nuestro Señor Jesucristo (1 Corintios 15.25–26, 54–56).

Escrituras que declaran el poder de Dios

Tu diestra, oh Jehová, ha sido magnificada en poder; tu diestra, oh Jehová, ha quebrantado al enemigo... El enemigo dijo: Perseguiré, apresaré, repartiré despojos; mi alma se saciará de ellos; sacaré mi espada, los destruirá mi mano. Soplaste con tu viento; los cubrió el mar; se hundieron como plomo en las impetuosas aguas (Éxodo 15.6, 9–10).

Yo Jehová, que lo hago todo... que deshago las señales de los adivinos, y enloquezco a los agoreros; que hago volver atrás a los sabios, y desvanezco su sabiduría. Yo, el que despierta la palabra de su siervo, y cumple el consejo de sus mensajeros (Isaías 44.24–26).

Y no se debilitó [Abraham] en la fe al considerar su cuerpo, que estaba ya como muerto (siendo de casi cien años), o la esterilidad de la matriz de Sara. Tampoco dudó, por incredulidad, de la promesa de Dios, sino que se fortaleció en fe, dando gloria a Dios, plenamente convencido de que era también poderoso para hacer todo lo que había prometido (Romanos 4.19–21).

Alumbrando los ojos de vuestro entendimiento, para que sepáis cuál es... supereminente grandeza de su poder para con nosotros los que creemos, según la operación del poder de su fuerza, la cual operó en Cristo, resucitándole de los muertos y sentándole a su diestra en los lugares celestiales, sobre todo principado y autoridad y poder y señorío, y sobre todo nombre que se nombra, no sólo en este siglo, sino también en el venidero; y sometió todas las cosas bajo sus pies, y lo dio por cabeza sobre todas las cosas a la iglesia (Efesios 1.18–22).

Escrituras que declaran la justicia de Dios

El Juez de toda la tierra, ¿no ha de hacer lo que es justo? (Génesis 18.25)

Delante de Jehová serán quebrantados sus adversarios, y sobre ellos tronará desde los cielos; Jehová juzgará los confines de la tierra (1 Samuel 2.10).

Sea, pues, con vosotros el temor de Jehová; mirad lo que hacéis, porque con Jehová nuestro Dios no hay injusticia, ni acepción de personas, ni admisión de cohecho (2 Crónicas 19.7).

El juzgará al mundo con justicia, y a los pueblos con rectitud (Salmo 9.8).

Tu trono, oh Dios, es eterno y para siempre; cetro de justicia es el cetro de tu reino (Salmo 45.6).

Decid entre las naciones: Jehová reina. También afirmó el mundo, no será conmovido; juzgará a los pueblos en justicia (Salmo 96.10).

Porque Dios traerá toda obra a juicio, juntamente con toda cosa encubierta, sea buena o sea mala (Eclesiastés 12.14).

[El Mesías] no juzgará según la vista de sus ojos, ni argüirá por lo que oigan sus oídos; sino que juzgará con justicia a los pobres, y argüirá con equidad por los mansos de la tierra (Isaías 11.3–4).

Por tanto, Jehová esperará para tener piedad de vosotros, y por tanto, será exaltado teniendo de vosotros misericordia; porque Jehová es Dios justo; bienaventurados todos los que confían en él (Isaías 30.18).

[Jesús,] a quien Dios puso como propiciación por medio de la fe en su sangre, para manifestar su justicia (Romanos 3.25).

He aquí, vino el Señor con sus santas decenas de millares, para hacer juicio contra todos, y dejar convictos a todos los impíos de todas sus obras impías que han hecho impíamente, y de todas las cosas duras que los pecadores impíos han hablado contra él (Judas 14–15).

Escrituras que declaran la victoria

Porque no se apoderaron de la tierra por su espada, ni su brazo los libró; sino tu diestra, y tu brazo, y la luz de tu rostro, Porque te complaciste en ellos... Porque no confiaré en mi arco, ni mi espada me salvará; pues tú nos has guardado de nuestros enemigos, y has avergonzado a los que nos aborrecían. En Dios nos gloriaremos todo el tiempo, y para siempre alabaremos tu nombre (Salmo 44.3, 6–8).

En Dios haremos proezas, y él hollará a nuestros enemigos (Salmo 60.12).

Tuyo es el brazo potente; fuerte es tu mano, exaltada tu diestra. Justicia y juicio son el cimiento de tu trono; misericordia y verdad van delante de tu rostro (Salmo 89.13–14).

Tú, enemiga mía, no te alegres de mí, porque aunque caí, me levantaré; aunque more en tinieblas, Jehová será mi luz... Y mi enemiga lo verá, y la cubrirá vergüenza (Miqueas 7.8–10).

Porque todo lo que es nacido de Dios vence al mundo; y esta es la victoria que ha vencido al mundo, nuestra fe... Y esta es la confianza que tenemos en él, que si pedimos alguna cosa conforme a su voluntad, él nos oye. Y si sabemos que él nos oye en cualquiera cosa que pidamos, sabemos que tenemos las peticiones que le hayamos hecho (1 Juan 5.4, 14–15).

Oración

Gracias, Señor, por que cuando oramos y batallamos conforme a tu Palabra, sabemos que el triunfo está asegurado. Dame fuerzas para estar firme con fe, sabiendo que tu poder es mayor que el poder del maligno. Elevo un grito de alabanza para declarar que la victoria es segura en el nombre de Jesús, amén.

Parte II

Cómo ganar las batallas personales

SEGURIDAD DE
LA SALVACIÓN

Satanás, nuestro enemigo, nos acusa constantemente delante de Dios (vea Apocalipsis 12.10) y busca destruir nuestra confianza en Cristo por medio de hacer que dudemos de nuestra salvación.

Muchos cristianos sufren una gran angustia mental por la pregunta: ¿Cómo puedo saber que verdaderamente he nacido de nuevo? Su sensación de no ser dignos y de culpa frecuentemente los lleva a tratar de ganarse la salvación por medio de buenas obras o penitencias. O se dan completamente por vencidos en el intento de ser cristianos, por sentir que nunca satisfacen los requisitos para ello.

Esta reacción en realidad coopera con el deseo que tiene Satanás de anular el poder de la muerte sacrificial, la sepultura y la resurrección de Cristo. Si fuera posible *ganarse* la salvación, ¡no necesitaríamos a un Salvador!

La Palabra de Dios enseña claramente que nacemos de nuevo al confesar nuestros pecados, declarar nuestra fe en Cristo. y recibir perdón y limpieza por su gracia. Esta transacción ocurre de modo instantáneo. Sin embargo, crecer hasta madurar y exhibir el fruto del Espíritu requiere tiempo y paciencia por medio de aprender las Escrituras y aplicarlas a nuestras vidas.

T. W. Wilson explica el significado de la «expiación»:

El vocablo hebreo del Antiguo Testamento que se traduce «expiación» literalmente significa «cubrir». Los sacrificios de animales se hacían para «cubrir» los pecados del hombre. No obstante, en el Nuevo Testamento, el significado de un sacrificio expiatorio se comunica por medio de la palabra «expiar», la cual significa «quitar». La sangre que Jesús derramó a nuestro favor en la cruz del calvario no sólo cubre nuestro pecado, sino que lo quita como si nunca hubiera sido cometido.[1]

Cuando tropezamos y caemos en nuestro andar con el Señor, como ocurrió con Pedro, siempre podemos arrepentirnos y levantarnos de nuevo. ¡No crea la mentira que Dios le ha rechazado! Pedro fue perdonado y llegó a ser un líder principal en la iglesia primitiva. Cuando el enemigo bombardea su mente con dudas, utilice los versículos dados a continuación para proclamar su salvación.

Escrituras

Jehová es mi luz y mi salvación; ¿de quién temeré? Jehová es la fortaleza de mi vida; ¿de quién he de atemorizarme? (Salmo 27.1)

Pecamos nosotros, como nuestros padres; hicimos iniquidad, hicimos impiedad... Pero él los salvó por amor de su nombre, para hacer notorio su poder... Los salvó de mano del enemigo, y los rescató de mano del adversario (Salmo 106.6–10).

Y se dirá en aquel día: He aquí, éste es nuestro Dios, le hemos esperado, y nos salvará; éste es Jehová a quien hemos esperado, nos gozaremos y nos alegraremos en su salvación (Isaías 25.9).

Todos nosotros nos descarriamos como ovejas, cada cual se apartó por su camino; mas Jehová cargó en él el pecado de todos nosotros... Verá el fruto de la aflicción de su alma, y quedará satisfecho; por su conocimiento justificará mi siervo justo a muchos, y llevará las iniquidades de ellos (Isaías 53.6, 11).

Y seréis aborrecidos de todos por causa de mi nombre; mas el que persevere hasta el fin, éste será salvo... El que creyere y fuere bautizado, será salvo; mas el que no creyere, será condenado (Marcos 13.13; 16.16).

Pero no os regocijéis de que los espíritus se os sujetan, sino regocijaos de que vuestros nombres están escritos en los cielos... Porque el Hijo del Hombre vino a buscar y a salvar lo que se había perdido (Lucas 10.20; 19.10).

Porque de tal manera amó Dios al mundo, que ha dado a su Hijo unigénito, para que todo aquel que en él cree, no se pierda, mas tenga vida eterna. Porque no envió Dios a su Hijo al mundo para condenar al mundo, sino para que el mundo sea salvo por él (Juan 3.16–17).

De cierto, de cierto os digo: El que oye mi palabra, y cree al que me envió, tiene vida eterna; y no vendrá a condenación, mas ha pasado de muerte a vida (Juan 5.24).

Y conoceréis la verdad, y la verdad os hará libres... Así que, si el Hijo os libertare, seréis verdaderamente libres (Juan 8.32, 36).

Yo soy la puerta; el que por mí entrare, será salvo; y entrará, y saldrá, y hallará pastos... Y yo les doy vida eterna; y no perecerán jamás, ni nadie las arrebatará de mi mano (Juan 10.9, 28).

Y todo aquel que invocare el nombre del Señor, será salvo... Y en ningún otro hay salvación; porque no hay otro nombre bajo el cielo, dado a los hombres, en que podamos ser salvos (Hechos 2.21; 4.12).

Porque no me avergüenzo del evangelio, porque es poder de Dios para salvación a todo aquel que cree; al judío primeramente, y también al griego (Romanos 1.16).

Pero ahora, aparte de la ley, se ha manifestado la justicia de Dios, testificada por la ley y por los profetas; la justicia de Dios por medio de la fe en Jesucristo, para todos los que creen en él. Porque no hay diferencia, por cuanto todos pecaron, y están destituidos de la gloria de Dios, siendo justificados gratuitamente por su gracia, mediante la redención que es en Cristo Jesús (Romanos 3.21–24).

Mas ahora que habéis sido libertados del pecado y hechos siervos de Dios, tenéis por vuestro fruto la santificación, y como fin, la vida eterna. Porque la paga del pecado es muerte, mas la dádiva de Dios es vida eterna en Cristo Jesús Señor nuestro (Romanos 6.22–23).

Ahora, pues, ninguna condenación hay para los que están en Cristo Jesús, los que no andan conforme a la carne, sino conforme al Espíritu. Porque la ley del Espíritu de vida en Cristo

Jesús me ha librado de la ley del pecado y de la muerte (Romanos 8.1–2).

Que si confesares con tu boca que Jesús es el Señor, y creyeres en tu corazón que Dios le levantó de los muertos, serás salvo. Porque con el corazón se cree para justicia, pero con la boca se confiesa para salvación (Romanos 10.9–10).

De modo que si alguno está en Cristo, nueva criatura es; las cosas viejas pasaron; he aquí todas son hechas nuevas (2 Corintios 5.17).

Con Cristo estoy juntamente crucificado, y ya no vivo yo, mas vive Cristo en mí; y lo que ahora vivo en la carne, lo vivo en la fe del Hijo de Dios, el cual me amó y se entregó a sí mismo por mí (Gálatas 2.20).

Pero Dios, que es rico en misericordia, por su gran amor con que nos amó, aun estando nosotros muertos en pecados... Porque por gracia sois salvos por medio de la fe; y esto no de vosotros, pues es don de Dios; no por obras, para que nadie se gloríe (Efesios 2.4–5, 8–9).

Pero cuando se manifestó la bondad de Dios nuestro Salvador, y su amor para con los hombres, nos salvó, no por obras de justicia que nosotros hubiéramos hecho, sino por su misericordia, por el lavamiento de la regeneración y por la renovación en el Espíritu Santo (Tito 3.4–5).

Porque convenía a aquel por cuya causa son todas las cosas, y por quien todas las cosas subsisten, que habiendo de llevar muchos hijos a la gloria, perfeccionase por aflicciones al autor de la salvación de ellos... y habiendo sido perfeccionado, vino a ser autor de eterna salvación para todos los que le obedecen (Hebreos 2.10; 5.9).

Mas éste [Jesús], por cuanto permanece para siempre, tiene un sacerdocio inmutable; por lo cual puede también salvar perpetuamente a los que por él se acercan a Dios, viviendo siempre para interceder por ellos. Porque tal sumo sacerdote nos convenía: santo, inocente, sin mancha, apartado de los pecadores, y hecho más sublime que los cielos; que no tiene necesidad cada día, como aquellos sumos sacerdotes, de ofrecer primero sacrificios por sus propios pecados, y luego por los del pueblo; porque esto lo hizo una vez para siempre, ofreciéndose a sí mismo (Hebreos 7.24–27).

Y teniendo un gran sacerdote sobre la casa de Dios, acerquémonos con corazón sincero, en plena certidumbre de fe, purificados los corazones de mala conciencia, y lavados los cuerpos con agua pura. Mantengamos firme, sin fluctuar, la profesión de nuestra esperanza, porque fiel es el que prometió (Hebreos 10.21–23).

Si confesamos nuestros pecados, él es fiel y justo para perdonar nuestros pecados, y limpiarnos de toda maldad (1 Juan 1.9).

Después de esto oí una gran voz de gran multitud en el cielo, que decía: ¡Aleluya! Salvación y honra y gloria y poder son del Señor Dios nuestro... Y oí como la voz de una gran multitud, como el estruendo de muchas aguas, y como la voz de grandes truenos, que decía: ¡Aleluya, porque el Señor nuestro Dios Todopoderoso reina! Gocémonos y alegrémonos y démosle gloria; porque han llegado las bodas del Cordero, y su esposa se ha preparado. Y a ella se le ha concedido que se vista de lino fino, limpio y resplandeciente; porque el lino fino es las acciones justas de los santos (Apocalipsis 18.1, 6–8).

Oración

*Padre, te agradezco porque cuando Jesús derramó su sangre
en la cruz, proveyó una manera de quitar mis pecados.
Te pido que me perdones por las veces que no he obedecido tu Palabra.
Acepto el sacrificio que Jesús hizo por mí; recibo tu perdón y limpieza,
y vuelvo a afirmar mi fe en ti. Padre, te alabo por el don gratuito
de la salvación, ¡no tengo que ganármela! Ayúdame a andar
en tus caminos y a reconocer diariamente el señorío de Jesús
en mi vida. En su nombre, amén.*

CÓMO VENCER LA DEPRESIÓN Y EL AGOTAMIENTO

La depresión y el agotamiento son para la mente lo que las enfermedades y las dolencias son para el cuerpo. Estos males emocionales son un problema creciente en la estela de la búsqueda implacable del éxito y los logros que impera en la sociedad moderna: El psicólogo y autor Dr. Archibald Hart observa:

> Una cultura tal como la nuestra que coloca una prioridad elevada en el rendimiento y el éxito como símbolos del valor, y en la cual hay cada vez menos oportunidades para lograr el éxito está destinada a producir un aumento en la brecha entre las expectativas y los logros. Esto a su vez crea desilusión... De igual importancia es el aumento en el abuso y mal uso del cuerpo. El *estrés* es la palabra clave que explica este abuso. Cuanto más compleja la cultura, tanto mayor es la experiencia de estrés. La aflicción fisiológica consecuente causa estragos con los procesos bioquímicos del cuerpo, y la depresión es un síntoma y resultado natural de esta perturbación.[1]

Algunos casos de depresión pueden deberse a un desequilibrio en la composición química del cuerpo, efectos secundarios de los medicamentos o una nutrición insuficiente. Usualmente entra en juego una combinación de factores físicos, emocionales y espirituales. Las actitudes y las acciones pecaminosas, y los sentimientos subsiguientes de culpa, pueden hallarse en la raíz de la depresión de un creyente. Consultar con un consejero de confianza frecuentemente ayuda a las víctimas de la depresión o del agotamiento a definir las causas que producen esto, hacer los cambios necesarios en su vida y avanzar hacia la recuperación.

Pero la duda, el desánimo y la depresión también son armas principales que Satanás emplea en la batalla contra nuestras mentes. Primero maligna el carácter y la fidelidad de Dios. Luego magnifica la severidad del problema, a fin de que perdamos de vista las promesas de Dios. De manera que aunque es importante tratar con otras causas posibles de la depresión y del agotamiento, también es crucial reconocer cómo trabaja el enemigo y ejercitar nuestros músculos espirituales para vencer cada condición.

Victoria en la esfera espiritual

James O. Fraser enfrentó una batalla de este tipo en 1913. Había trabajado por cinco años para establecer la fe cristiana en la tribu de los lisu en el suroeste de China, con muy poco éxito. Cuando empezó a tener sentimientos suicidas, Fraser finalmente reconoció que las fuerzas de las tinieblas estaban buscando deshacerse de él.

Justo entonces, cuando la temporada lluviosa estaba en su momento más deprimente, le llegó una revista por correo. Cuando Fraser leyó un artículo sobre el triunfo de Cristo sobre Satanás (basado en Colosenses 2.15), su fe empezó a aumentar. Sintió que el Señor le decía: «Vence, vence, tal como yo vencí». Fraser escribió a los que le apoyaban en oración:

> «Resistid al diablo» también está en las Escrituras (Santiago 4.7). ¡Y descubrí que funciona! La nube de depresión se dispersó. Descubrí que *podía* tener victoria en el ámbito espiritual cuando lo deseara. El Señor mismo resistió al diablo con su voz: «¡Apártate de mí, Satanás!» Yo, en humilde dependencia de Él, hice lo mismo. Me dirigí a Satanás en ese momento, utilizando las promesas de las Escrituras como armas. Y funcionaron. Justo entonces, la terrible opresión empezó a desvanecerse. Tuve que aprender, gradualmente, a usar esta arma de resistencia recién descubierta.[2]

Los guerreros espirituales pueden aprender una lección valiosa de la victoria que siguió. Después de aprender a resistir al enemigo, Fraser laboró con éxito por treinta años entre la tribu lisu y vio a miles convertirse a Cristo. El Espíritu Santo puede ayudarnos de esa misma manera a reconocer la fuente del ataque para obtener la ayuda de un consejero en caso de necesitarla, y para usar la Palabra de Dios como arma para vencer al enemigo. La Palabra no sólo hace huir a Satanás sino que también trae sanidad a nuestras almas atribuladas.

Escrituras

Con nosotros está Jehová nuestro Dios para ayudarnos y pelear nuestras batallas (2 Crónicas 32.8).

Me mostrarás la senda de la vida; en tu presencia hay plenitud de gozo; delicias a tu diestra para siempre (Salmo 16.11).

Confortará mi alma; me guiará por sendas de justicia por amor de su nombre (Salmo 23.3).

Jehová es mi fortaleza y mi escudo; en él confió mi corazón, y fui ayudado, por lo que se gozó mi corazón, y con mi cántico le alabaré (Salmo 28.7).

Me gozaré y alegraré en tu misericordia, porque has visto mi aflicción; has conocido mi alma en las angustias (Salmo 31.7).

Vuélveme el gozo de tu salvación, y espíritu noble me sustente (Salmo 51.12).

Echa sobre Jehová tu carga, y él te sustentará; no dejará para siempre caído al justo (Salmo 55.22).

Oye, oh Dios, mi clamor; a mi oración atiende. Desde el cabo de la tierra clamaré a ti, cuando mi corazón desmayare. Llévame a la roca que es más alta que yo, porque tú has sido mi refugio, y torre fuerte delante del enemigo. Yo habitaré en tu tabernáculo para siempre; estaré seguro bajo la cubierta de tus alas (Salmo 61.1–4).

Cuando me acuerde de ti en mi lecho, cuando medite en ti en las vigilias de la noche. Porque has sido mi socorro, y así en la sombra de tus alas me regocijaré. Está mi alma apegada a ti; tu diestra me ha sostenido (Salmo 63.6–8).

Bendice, alma mía, a Jehová, y bendiga todo mi ser su santo nombre. Bendice, alma mía, a Jehová, y no olvides ninguno de sus beneficios. El es quien perdona todas tus iniquidades, el que sana todas tus dolencias; el que rescata del hoyo tu vida, el que te corona de favores y misericordias; el que sacia de bien tu boca de modo que te rejuvenezcas como el águila (Salmo 103.1–5).

Voz de júbilo y de salvación hay en las tiendas de los justos; la diestra de Jehová hace proezas... Este es el día que hizo Jehová; nos gozaremos y alegraremos en él (Salmo 118.15, 24).

Esperé yo a Jehová, esperó mi alma; en su palabra he esperado. Mi alma espera a Jehová más que los centinelas a la mañana... Espere Israel a Jehová, porque en Jehová hay misericordia, y abundante redención con él (Salmo 130.5–7).

Tú guardarás en completa paz a aquel cuyo pensamiento en ti persevera; porque en ti ha confiado (Isaías 26.3).

Porque yo sé los pensamientos que tengo acerca de vosotros, dice Jehová, pensamientos de paz, y no de mal, para daros el fin que esperáis (Jeremías 29.11).

Esto recapacitaré en mi corazón, por lo tanto esperaré. Por la misericordia de Jehová no hemos sido consumidos, porque nunca decayeron sus misericordias. Nuevas son cada mañana; grande es tu fidelidad. Mi porción es Jehová, dijo mi alma; por tanto, en él esperaré. Bueno es Jehová a los que en él esperan, al alma que le busca. Bueno es esperar en silencio la salvación de Jehová (Lamentaciones 3.21–26).

Jehová está en medio de ti, poderoso, él salvará; se gozará sobre ti con alegría, callará de amor, se regocijará sobre ti con cánticos (Sofonías 3.17).

Venid a mí todos los que estáis trabajados y cargados, y yo os haré descansar. Llevad mi yugo sobre vosotros, y aprended de mí, que soy manso y humilde de corazón; y hallaréis descanso para vuestras almas; porque mi yugo es fácil, y ligera mi carga (Mateo 11.28–30).

La paz os dejo, mi paz os doy; yo no os la doy como el mundo la da. No se turbe vuestro corazón, ni tenga miedo (Juan 14.27).

Y sabemos que a los que aman a Dios, todas las cosas les ayudan a bien, esto es, a los que conforme a su propósito son llamados... Si Dios es por nosotros, ¿quién contra nosotros? (Romanos 8.28, 31)

Y el Dios de esperanza os llene de todo gozo y paz en el creer, para que abundéis en esperanza por el poder del Espíritu Santo (Romanos 15.13).

Por tanto, no desmayamos; antes aunque este nuestro hombre exterior se va desgastando, el interior no obstante se renueva de día en día. Porque esta leve tribulación momentánea produce en nosotros un cada vez más excelente y eterno peso de gloria; no mirando nosotros las cosas que se ven, sino las que no se ven; pues las cosas que se ven son temporales, pero las que no se ven son eternas (2 Corintios 4.16–18).

Por nada estéis afanosos, sino sean conocidas vuestras peticiones delante de Dios en toda oración y ruego, con acción de gracias. Y la paz de Dios, que sobrepasa todo entendimiento, guardará vuestros corazones y vuestros pensamientos en Cristo Jesús. Por lo demás, hermanos, todo lo que es verdadero, todo lo honesto, todo lo justo, todo lo puro, todo lo amable, todo lo que es de buen nombre; si hay virtud alguna, si algo digno de alabanza, en esto pensad. Lo que aprendisteis y recibisteis y oísteis y visteis en mí, esto haced; y el Dios de paz estará con vosotros (Filipenses 4.6–9).

Puestos los ojos en Jesús, el autor y consumador de la fe, el cual por el gozo puesto delante de él sufrió la cruz, menospreciando el oprobio, y se sentó a la diestra del trono de Dios (Hebreos 12.2).

Humillaos, pues, bajo la poderosa mano de Dios, para que él os exalte cuando fuere tiempo; echando toda vuestra ansiedad sobre él, porque él tiene cuidado de vosotros (1 Pedro 5.6–7).

Oración

Señor, gracias porque no tengo que vivir bajo una nube de depresión.
Resisto el ataque del enemigo contra mi mente, y elijo ponerme
una vestidura de alabanza en lugar de un espíritu de pesadez.
Padre, te alabo porque estás obrando aún ahora, restaurando
el gozo de mi salvación y restaurando mi alma en toda esfera.
Ayúdame a poner los ojos en Jesús y no en mis problemas.
Ayúdame a hallar mi consuelo en ti. Amén.

LIBERTAD DE LA ANSIEDAD Y EL TEMOR

«Alarma», «miedo», «terror», «pánico»—todas estas son palabras que describen el mismo sentimiento: el temor, que usualmente viene acompañado de su pariente cercano, la ansiedad. Muchos de los habitantes del mundo de hoy, incluyendo a creyentes, parecen estar plagados de temor. Le tenemos temor al futuro, al fracaso y a las pérdidas financieras. Tememos sentirnos rechazados, desaprobados, marginados, no amados, ignorados. Le tenemos miedo a la enfermedad y a la muerte, y también a la vida.

Jesús vino para conquistar todos nuestros temores: «Él también participó de lo mismo [la condición humana], para destruir por medio de la muerte al que tenía el imperio de la muerte, esto es, al diablo, y librar a todos los que por el temor de la muerte estaban durante toda la vida sujetos a servidumbre» (Hebreos 2.14–15).

Cuando Dios levantó a Cristo de los muertos por el poder del Espíritu Santo, demostró ante el tiempo y la eternidad que Satanás ha sido derrotado. Ese mismo Espíritu mora en toda persona que cree en Jesús como Salvador. Como dice la Escritura: «Y si el Espíritu de aquel que levantó de los muertos a Jesús mora en vosotros, el que levantó de los muertos a Cristo Jesús vivificará también vuestros cuerpos mortales por su Espíritu que mora en vosotros» (Romanos 8.11).

Saber que el Cristo resucitado mora en nosotros debiera erradicar todo temor o ansiedad provocado por el enemigo. Esta canción moderna nos ayuda a mantener la perspectiva correcta:

Cada mañana es domingo de resurrección
¡Cada mañana es domingo de resurrección de ahora en adelante!
¡Cada día es día de resurrección; el pasado es pasado y ya se ha ido!
Adiós a la culpa, adiós al temor, ¡para siempre!
¡Hola, Señor, hola, sol, soy uno de los de la resurrección!

¡Mi vida nueva ha empezado!

¡Cada mañana es domingo de resurrección de ahora en adelante!

¡Cada día es día de resurrección; el pasado es pasado y ya se ha ido!

Las noticias de cada día son tan malas que parece que las buenas nuevas casi no se escuchan.

¡Recíbanlas de los que creen en la resurrección!

¡Dios está en control! ¡Corran la voz![1]

El temor es lo opuesto a la confianza

El pastor D. James Kennedy compartió una historia de la vida de Abraham Lincoln que ilustra la inutilidad del temor:

[Abraham Lincoln] contó de los días en que trabajaba como abogado itinerante. Viajaba a todos los pueblos pequeños de la región, donde hubiera tribunales. Esto, por supuesto, le obligaba a cruzar ríos con frecuencia, en particular el notorio Río Fox, turbulento y sumamente peligroso en tiempos de mucha lluvia.

En una ocasión, luego de haber cruzado varios ríos con no poca dificultad, el acompañante de Lincoln meneó la cabeza y dijo: «Si estos ríos son así de difíciles, ¿cómo será cuando nos toque cruzar el Fox?»

Sucedió que esa noche se encontraron con un ministro metodista itinerante en la posada en donde se alojaron. Le preguntaron si conocía el Río Fox. «Oh, sí», dijo el predicador. «Lo conozco bien. Lo he cruzado un sinnúmero de veces en estos largos años». Le preguntaron si tenía consejos que ofrecer en cuanto a cómo cruzarlo de modo seguro.

«Por supuesto», dijo sonriendo. «He descubierto un secreto para cruzar el Río Fox que nunca dejo de tener en mente. Es éste: Nunca cruzo el Río Fox hasta que *llego* al Río Fox. Buenas noches, caballeros».[2]

La mayoría de las cosas que tememos o nunca suceden o resultan no ser tan atemorizantes después de todo—una lección que el ministro metodista evidentemente había aprendido. Las Escrituras dicen en repetidas ocasiones: «No temáis». Las palabras de David pueden tornarse en nuestra oración cuando sentimos la amenaza del temor: «En el día que temo, yo en ti confío. En Dios alabaré su palabra; en Dios he confiado; no temeré; ¿qué puede hacerme el hombre?» (Salmo 56.3–4).

Ejemplos dignos de imitar en la Biblia

Josué y Caleb demuestran un triunfo inspirador de la fe sobre el temor. Después de que Dios les había dicho a los israelitas que poseyeran la tierra del otro lado del río Jordán, estos dos exploradores estuvieron entre el grupo enviado por Moisés a espiar la tierra de Canaán. Los doce espías concordaron en que era una tierra maravillosa, tal como Dios había prometido. Pero diez de los espías estaban gobernados por el temor: «No podremos subir contra aquel pueblo, porque es más fuerte que nosotros... éramos nosotros, a nuestro parecer, como langostas; y así les parecíamos a ellos (Números 13.31, 33).

Yendo en contra de la mayoría, Josué y Caleb exhortaron al pueblo: «Por tanto, no seáis rebeldes contra Jehová, ni temáis al pueblo de esta tierra; porque nosotros los comeremos como pan; su amparo se ha apartado de ellos, y con nosotros está Jehová; no los temáis» (Números 14.9). Pero los israelitas escucharon a los espías temerosos e ignoraron el llamado de Josué y Caleb. Como consecuencia, los israelitas pasaron más de cuarenta años vagando por el desierto. No obstante, Dios honró la fe de estos dos guerreros espirituales.

Cuando los israelitas finalmente entraron a Canaán, Josué les guió en la batalla. Y Dios dijo de Caleb: «Pero a mi siervo Caleb, por cuanto hubo en él otro espíritu, y decidió ir en pos de mí, yo le meteré en la tierra donde entró, y su descendencia la tendrá en posesión» (Números 14.24). Dios recompensa a los que fielmente se apoyan en sus promesas.

Nehemías ofrece otro ejemplo de cómo manejar el temor. Mientras dirigía la reconstrucción del muro de Jerusalén, sus enemigos lo ridiculizaban y lo amenazaban. Nehemías respondió ordenando a la mitad de los obreros que llevaran sus espadas mientras continuaban la construcción, y a la otra mitad que llevaran armas adicionales e hicieran guardia sobre los trabajadores. Luego le dijo a todo el pueblo:

No temáis delante de ellos; acordaos del Señor, grande y temible, y pelead por vuestros hermanos, por vuestros hijos y por vuestras hijas, por vuestras mujeres y por vuestras casas... En el lugar donde oyereis el sonido de la trompeta, reuníos allí con nosotros; nuestro Dios peleará por nosotros (Nehemías 4.14, 20).

El enemigo intentó en repetidas ocasiones de infundirle temor al pueblo y empleó artimañas buscando hacer que Nehemías bajara del muro para hablar del asunto. Nehemías se negó. Posteriormente escribió: «Porque todos ellos [los enemigos] nos amedrentaban diciendo: Se debilitarán las manos de ellos en la obra, y no será terminada. Ahora, pues, oh Dios, fortalece tú mis manos» (Nehemías 6.9). Y Dios así lo hizo.

Los israelitas concluyeron la obra en un tiempo récord—un ejemplo de una fe agresiva que obtiene la victoria sobre el temor paralizante. En nuestros momentos de ansiedad y temor, también podemos declarar lo que la Palabra de Dios dice—aún repitiéndola en voz alta—y recordarle al diablo que nuestro Dios peleará por nosotros.

Escrituras

No los temáis; porque Jehová vuestro Dios, él es el que pelea por vosotros... No tengas temor de ellas [las naciones enemigas]; acuérdate bien de lo que hizo Jehová tu Dios con Faraón y con todo Egipto (Deuteronomio 3.22; 7.18).

Cuando salgas a la guerra contra tus enemigos, si vieres caballos y carros, y un pueblo más grande que tú, no tengas temor de ellos, porque Jehová tu Dios está contigo, el cual te sacó de tierra de Egipto (Deuteronomio 20.1).

Esforzaos y cobrad ánimo; no temáis, ni tengáis miedo de ellos, porque Jehová tu Dios es el que va contigo... Y Jehová va delante de ti; él estará contigo, no te dejará, ni te desamparará; no temas ni te intimides (Deuteronomio 31.6–8).

Y dijo: Oíd, Judá todo, y vosotros moradores de Jerusalén, y tú, rey Josafat. Jehová os dice así: No temáis ni os amedrentéis delante de esta multitud tan grande, porque no es vuestra la guerra, sino de Dios... Y el pavor de Dios cayó sobre todos los reinos de aquella tierra, cuando oyeron que Jehová había peleado contra los enemigos de Israel. Y el reino de Josafat tuvo paz, porque su Dios le dio paz por todas partes (2 Crónicas 20.15, 29–30).

Mas tú, Jehová, eres escudo alrededor de mí; mi gloria, y el que levanta mi cabeza. No temeré a diez millares de gente, que pusieren sitio contra mí (Salmo 3.3, 6).

Aunque ande en valle de sombra de muerte, no temeré mal alguno, porque tú estarás conmigo; tu vara y tu cayado me infundirán aliento (Salmo 23.4).

Jehová es mi luz y mi salvación; ¿de quién temeré? Jehová es la fortaleza de mi vida; ¿de quién he de atemorizarme? Cuando se juntaron contra mí los malignos, mis angustiadores y mis enemigos, para comer mis carnes, ellos tropezaron y cayeron. Aunque un ejército acampe contra mí, no temerá mi corazón; aunque contra mí se levante guerra, yo estaré confiado (Salmo 27.1–3).

Dios es nuestro amparo y fortaleza, nuestro pronto auxilio en las tribulaciones. Por tanto, no temeremos, aunque la tierra sea removida, y se traspasen los montes al corazón del mar; aunque bramen y se turben sus aguas, y tiemblen los montes a causa de su braveza (Salmo 46.1–3).

Bienaventurado el hombre que teme a Jehová, y en sus mandamientos se deleita en gran manera... No tendrá temor de malas noticias; su corazón está firme, confiado en Jehová. Asegurado está su corazón; no temerá, hasta que vea en sus enemigos su deseo (Salmo 112.1, 7–8).

Cuando te acuestes, no tendrás temor, sino que te acostarás, y tu sueño será grato. No tendrás temor de pavor repentino, ni de la ruina de los impíos cuando viniere, porque Jehová será tu confianza, y él preservará tu pie de quedar preso (Proverbios 3.24–26).

No temas, porque yo estoy contigo; no desmayes, porque yo soy tu Dios que te esfuerzo; siempre te ayudaré, siempre te sustentaré con la diestra de mi justicia... Ahora, así dice Jehová, Creador tuyo, oh Jacob, y Formador tuyo, oh Israel: No temas, porque yo te redimí; te puse nombre, mío eres tú (Isaías 41.10; 43.1).

Yo soy el primero, y yo soy el postrero, y fuera de mí no hay Dios... No temáis, ni os amedrentéis; ¿no te lo hice oír desde la antigüedad, y te lo dije? Luego vosotros sois mis testigos. No hay Dios sino yo. No hay Fuerte; no conozco ninguno (Isaías 44.6–8).

Con justicia serás adornada; estarás lejos de opresión, porque no temerás, y de temor, porque no se acercará a ti (Isaías 54.14).

Así dijo Jehová: No aprendáis el camino de las naciones, ni de las señales del cielo tengáis temor, aunque las naciones las teman... Derechos están como palmera, y no hablan; son llevados, porque no pueden andar. No tengáis temor de ellos, porque ni pueden hacer mal, ni para hacer bien tienen poder (Jeremías 10.2, 5).

Bendito el varón que confía en Jehová, y cuya confianza es Jehová. Porque será como el árbol plantado junto a las aguas, que junto a la corriente echará sus raíces, y no verá cuando viene el calor, sino que su hoja estará verde; y en el año de sequía no se fatigará, ni dejará de dar fruto (Jeremías 17.7–8).

No temáis, manada pequeña, porque a vuestro Padre le ha placido daros el reino (Lucas 12.32).

Estas cosas os he hablado para que en mí tengáis paz. En el mundo tendréis aflicción; pero confiad, yo he vencido al mundo (Juan 16.33).

Pues no habéis recibido el espíritu de esclavitud para estar otra vez en temor, sino que habéis recibido el espíritu de adopción, por el cual clamamos: ¡Abba, Padre! (Romanos 8.15)

¿Qué, pues, diremos a esto? Si Dios es por nosotros, ¿quién contra nosotros? ... Por lo cual estoy seguro de que ni la muerte, ni la vida, ni ángeles, ni principados, ni potestades, ni lo presente, ni lo por venir, ni lo alto, ni lo profundo, ni ninguna otra cosa creada nos podrá separar del amor de Dios, que es en Cristo Jesús Señor nuestro (Romanos 8.31, 38–39).

Porque no nos ha dado Dios espíritu de cobardía, sino de poder, de amor y de dominio propio (2 Timoteo 1.7).

De manera que podemos decir confiadamente: El Señor es mi ayudador; no temeré lo que me pueda hacer el hombre (Hebreos 13.6).

Mas también si alguna cosa padecéis por causa de la justicia, bienaventurados sois. Por tanto, no os amedrentéis por temor de ellos, ni os conturbéis, sino santificad a Dios el Señor en vuestros corazones, y estad siempre preparados para presentar defensa con mansedumbre y reverencia ante todo el que os demande razón de la esperanza que hay en vosotros (1 Pedro 3.14–5).

En el amor no hay temor, sino que el perfecto amor echa fuera el temor; porque el temor lleva en sí castigo. De donde el que teme, no ha sido perfeccionado en el amor (1 Juan 4.18).

Oración

Padre, en esos momentos que siento temor,
quiero acogerme a tu misericordia. Dame la confianza
que tuvo el salmista que dijo no temer mal alguno,
sabiendo que el Pastor estaba cerca. Ayúdame a recordar
siempre que porque Jesús conquistó la muerte, el infierno
y la tumba, el enemigo no tiene poder para amedrentarme.
Gracias porque tu amor perfecto echa fuera todos mis temores.
Pongo mi confianza en ti, Señor. Amén.

LIBERTAD DE LA CULPA

«Porque mis iniquidades se han agravado sobre mi cabeza; como carga pesada se han agravado sobre mí... Dios, tú conoces mi insensatez, y mis pecados no te son ocultos» (Salmo 38.4; 69.5). Estas palabras del salmista resuenan con familiaridad. Todos hemos experimentado remordimiento por palabras incorrectas o acciones incorrectas, o nos hemos arrepentido por no hablar o actuar cuando debimos haberlo hecho.

No podemos volver atrás y repetir la escena para rectificar las cosas, y sin embargo no parece que podamos sacudirnos la culpa. La carga pesada de nuestro pasado nos impide avanzar hacia el futuro. Al igual que Adán y Eva, queremos escondernos de Dios. Buscando aliviar el dolor de la culpa, muchos de nosotros nos hallamos atrapados por adicciones destructoras.

Dios, que sabe todo lo que hay que saber sobre la culpa, proporciona el antídoto por medio de la gracia—su favor inmerecido. Aunque verdaderamente merecemos ser castigados por nuestros pecados, Dios envió a Jesús al mundo a cargar en sí mismo la retribución que correspondía a cada persona pecaminosa que jamás haya vivido. Cuando aceptamos su don gratuito de la gracia, todos somos puestos en libertad de la prisión de la culpa.

En los tiempos del Antiguo Testamento, cuando una persona quebrantaba la ley y ofendía a Dios, tenía que traer un cordero como ofrenda por la culpa. El sacerdote lo ofrecía para expiar su pecado. Mucho antes del nacimiento de Cristo, Isaías profetizó que el Mesías mismo se tornaría en una ofrenda por el pecado:

> Todos nosotros nos descarriamos como ovejas, cada cual se apartó por su camino; mas Jehová cargó en él el pecado de todos nosotros... Con todo eso, Jehová quiso quebrantarlo, sujetándole a padecimiento. Cuando haya puesto su vida en expiación por el pecado, verá linaje, vivirá por largos días, y la voluntad de Jehová será en su mano prosperada (Isaías 53.6, 10).

Cuando el Espíritu Santo nos convence de pecado, debemos confesarlo, apartarnos de él y recibir el perdón y limpieza de Dios. «Si confesamos nuestros pecados, él es fiel y justo para perdonar nuestros pecados, y limpiarnos de toda maldad» (1 Juan 1.9).

Juan luego proclama a Jesús como el Cordero sacrificado por todos. «Y si alguno hubiere pecado, abogado tenemos para con el Padre, a Jesucristo el justo. Y él es la propiciación por nuestros pecados; y no solamente por los nuestros, sino también por los de todo el mundo» (1 Juan 2.1–2).

Para ser eficaces en la guerra espiritual, es esencial que distingamos entre la culpa verdadera y la culpa falsa. El diablo hará todo intento posible por lograr que continuemos llevando una carga de culpa, sea ésta verdadera o falsa. La doctora Diane Langberg, quien es psicóloga clínica, dice lo siguiente sobre este dilema común:

> La culpa verdadera, por supuesto, es aquella que resulta del juicio de Dios y no del hombre. Ni yo ni ningún otro individuo puede determinar mi culpa, sino sólo Dios... Si el único juez justo es Dios, entonces debo acudir a él para decidir si soy culpable o no... No existe una fórmula sencilla para vivir una vida libre de culpa, ni tampoco hay una respuesta fácil para determinar la validez de la culpa que sentimos. Para ello se requiere acudir constantemente a Dios y examinar nuestras vidas, pidiéndole a Dios que agudice nuestro discernimiento para que podamos vernos a nosotros mismos de modo cada vez más claro.[1]

La culpa falsa es lo que se sentimos cuando nos culpamos de las malas acciones de otra persona. Las víctimas de abuso o maltrato frecuentemente llevan una carga de este tipo, pues sienten que seguramente hicieron algo malo para merecer tal abuso o maltrato. Pero cuando una víctima finalmente aprende a despojarse de la carga de la culpa falsa —y a arrepentirse por su propio pecado de no perdonarse sobre este asunto— se rompe la esclavitud. En algunos casos, las víctimas de abuso o maltrato podrían necesitar la ayuda de un consejero que las ayude a lidiar con los sentimientos de culpa y enojo hasta que sean capaces de perdonar a los que cometieron el abuso o maltrato y hallar libertad.

Si el diablo continúa provocándole sentimientos de culpa, aún después de haber confesado su pecado delante del Señor, haberse arrepentido y haber recibido su limpieza, es necesario que tome una posición firme contra el adversario. Puede decir sencillamente: «Sí, hice eso, y estuvo mal, pero le he pedido a mi Padre celestial que me perdone. Satanás, ya no puedes seguir atormentándome la mente con esa ofensa. La sangre de Cristo la ha cubierto. Ahora, vete, en el nombre de Jesús».

Ed Cole hace la siguiente observación en cuanto a la culpa y el perdón: «Todo hombre es responsable de sus propias acciones, y debe acudir solamente a Dios. Es por eso que el Calvario, donde Cristo murió, es tan importante. Es el único lugar del mundo donde podemos colocar el pecado y recibir perdón de Dios; es el único lugar donde podemos librarnos de la culpa».[2]

Escrituras acerca de confesar la culpa

Después que David hubo hecho un censo de los soldados, le pesó en su corazón; y le dijo a Jehová: «Yo he pecado gravemente por haber hecho esto; mas ahora, oh Jehová, te ruego que quites el pecado de tu siervo, porque yo he hecho muy neciamente (2 Samuel 24.10).

Y a la hora del sacrificio de la tarde me levanté de mi aflicción, y habiendo rasgado mi vestido y mi manto, me postré de rodillas, y extendí mis manos a Jehová mi Dios, y dije: Dios mío, confuso y avergonzado estoy para levantar, oh Dios mío, mi rostro a ti, porque nuestras iniquidades se han multiplicado sobre nuestra cabeza, y nuestros delitos han crecido hasta el cielo (Esdras 9.5–6).

Yo dije: Jehová, ten misericordia de mí; sana mi alma, porque contra ti he pecado (Salmo 41.4).

Contra ti, contra ti solo he pecado, y he hecho lo malo delante de tus ojos; para que seas reconocido justo en tu palabra, y tenido por puro en tu juicio... Esconde tu rostro de mis pecados, y borra todas mis maldades (Salmo 51.4, 9).

Pecamos nosotros, como nuestros padres; hicimos iniquidad, hicimos impiedad (Salmo 106.6).

Reconocemos, oh Jehová, nuestra impiedad, la iniquidad de nuestros padres; porque contra ti hemos pecado (Jeremías 14.20).

Si decimos que no hemos pecado, le hacemos a él mentiroso, y su palabra no está en nosotros (1 Juan 1.10).

Escrituras acerca de quitar la culpa

Tú oirás en los cielos, en el lugar de tu morada, y perdonarás, y actuarás, y darás a cada uno conforme a sus caminos, cuyo corazón tú conoces (porque sólo tú conoces el corazón de todos los hijos de los hombres) (1 Reyes 8.39).

Mi pecado te declaré, y no encubrí mi iniquidad. Dije: Confesaré mis transgresiones a Jehová; y tú perdonaste la maldad de mi pecado. (Salmo 32.5).

Y perdónanos nuestras deudas, como también nosotros perdonamos a nuestros deudores... Porque si perdonáis a los hombres sus ofensas, os perdonará también a vosotros vuestro Padre celestial; mas si no perdonáis a los hombres sus ofensas, tampoco vuestro Padre os perdonará vuestras ofensas (Mateo 6.12, 14–15).

Y cuando estéis orando, perdonad, si tenéis algo contra alguno, para que también vuestro Padre que está en los cielos os perdone a vosotros vuestras ofensas (Marcos 11.25).

Y cuando él [el Espíritu Santo] venga, convencerá al mundo de pecado, de justicia y de juicio (Juan 16.8).

Estad, pues, firmes en la libertad con que Cristo nos hizo libres, y no estéis otra vez sujetos al yugo de esclavitud... Porque vosotros, hermanos, a libertad fuisteis llamados; solamente que no uséis la libertad como ocasión para la carne, sino servíos por amor los unos a los otros (Gálatas 5.1, 13).

Soportándoos unos a otros, y perdonándoos unos a otros si alguno tuviere queja contra otro. De la manera que Cristo os perdonó, así también hacedlo vosotros (Colosenses 3.13).

Acerquémonos con corazón sincero, en plena certidumbre de fe, purificados los corazones de mala conciencia, y lavados los cuerpos con agua pura (Hebreos 10.22).

Oración

Gracias, Jesús, por venir a la tierra a morir como ofrenda por el pecado en mi lugar. Gracias porque cuando peco y me siento cargado por mi culpa, sólo necesito acudir a ti con arrepentimiento verdadero para ser limpio por tu sangre derramada y restaurar la comunión con el Padre. ¡Qué cambio! ¡Qué libertad! ¡Qué regalo! Te alabo, Señor. Fortaléceme para continuar andando en tu libertad y ayúdame a guiar a otros cautivos a la libertad, en el nombre de Jesús, amén.

CÓMO VENCER EL DOLOR DEL ALMA Y LA DESILUSIÓN

El dolor del alma es un tipo de dolor que usualmente asociamos con la muerte de un ser querido—probablemente la experiencia de dolor más traumática que muchos de nosotros enfrentaremos en la vida. Pero también experimentamos dolor y desilusión debido a otras pérdidas: perder a un cónyuge por un divorcio, perder amistades por la ruptura de relaciones, pérdida de compañerismo cuando los hijos o amigos se trasladan a otro lugar, pérdida de un empleo, pérdida de la casa o de una posesión valiosa, pérdida del primer amor, pérdida de la esperanza de lograr una meta.

Cualquier clase de pérdida significativa puede causarnos agitación emocional. El consejero Albert Ells describe el dolor del alma como «la reacción emocional natural e ineludible a una pérdida, un proceso con el cual lidiamos emocionalmente hasta llegar a un punto de aceptación, un punto en el cual decimos: ‹Perdí, y está bien›».[1]

Cuando pasamos por tales momentos de dolor y desilusión, inevitablemente estaremos vulnerables a los ataques del maligno. Necesitamos estar especialmente atentos a nuestro radar espiritual durante estos períodos de nuestras vidas.

Este tipo de dolor del alma debería seguir un curso natural con el paso del tiempo, a medida que avanza el proceso de sanidad. Los consejeros seculares dicen que este proceso puede tardar de uno a tres años, o quizás más, dependiendo de la severidad de la pérdida. Una muerte repentina y prematura, o una muerte por suicidio o por un acto de violencia es mucho más traumática y requiere aún más tiempo para procesarse.

Esté consciente de que un dolor no resuelto y prolongado abre la puerta a problemas espirituales, físicos y emocionales que finalmente paralizan el progreso espiritual de una persona. Para recuperarse, el creyente debe pasar por las mismas etapas que los demás. No obstante, cuanto más usemos nuestros recursos espirituales, tanto más hallaremos que el proceso se acelera. Los puntos bajos no tienen que ser tan bajos como sucede con aquellos que carecen de esperanza (vea 1 Tesalonicenses 4.13).

El consejero cristiano H. Dale Wright define cuatro tareas para lidiar con este tipo de dolor del alma:

1. Acepte su situación en lugar de negarla. Enfrente la realidad de lo sucedido, aunque ello abra una compuerta de dolor.

2. Permítase sentir el dolor en lugar de ignorarlo o reprimirlo. Un dolor emocional reprimido se manifiesta de diversas maneras, tales como dolencias físicas, comportamiento adictivo o ira irracional, y ello dificulta significativamente el proceso de sanidad. Hable acerca de la pérdida; permítase expresar sus emociones.

3. Adáptese al entorno en el cual esa persona (o lugar, empleo, etc.) ya no está. Reorganice su vida conforme a ello. Evite ahogarse en la autocompasión o aislarse a sí mismo de otros creyentes, ya sea física o emocionalmente.

4. Retire la energía emocional que había invertido en esa persona, lugar o empleo e inviértala en otra persona u otra cosa. Empiece a vivir la vida para el presente y el futuro, y no en el pasado.[2]

Los creyentes pueden sufrir y sufren frustraciones en su andar con el Señor como resultado de no haber lidiado en forma apropiada con el dolor de una pérdida en el pasado. En particular, las víctimas de abuso sexual necesitan sufrir el dolor de la pérdida de la inocencia de su niñez. Este tiempo de dolor no tiene que ser prolongado, pero es necesario reconocer la pérdida y la sensación de haber sido traicionado para que pueda ocurrir la sanidad.

Si esta situación le resulta familiar, esté consciente de que Satanás quiere mantenerlo en un estado de limbo espiritual. Usted puede vencer al enemigo pidiéndole al Espíritu Santo que le revele si en su vida hay esferas de dolor no resuelto, que lo guíe a la sanidad y lo ayude para ministrar a otros que tengan las mismas necesidades. Alfred Ells sabiamente dice:

> Si aceptamos nuestra pérdida y lidiamos con el dolor con la ayuda de Jesús, llegaremos a un punto de aceptación y solución... Cada

pérdida que sufrimos es una oportunidad para invitar a Jesús a entrar a un nivel más profundo de nuestras vidas y hacer de él nuestra seguridad, en lugar de lo que hemos perdido... Cuando yo finalmente derramé mis lágrimas de pérdida y compartí de modo profundo con Jesús mi ira, temor y culpa, pude sentir su aceptación. Al principio me pareció extraño llorar por algo que había sucedido hacía más de veinte años antes. Pero dio resultado. Sentí que mi auto condenación, temor y vergüenza se disipaban.[3]

El Señor Jesús supo lo que era sentir dolor y angustia. Cuando su amigo Lázaro murió, «Jesús lloró» (Juan 11.35). Posteriormente se lamentó por la ciudad de Jerusalén (vea Mateo 23.37–39). En una oscura noche en Getsemaní, antes de ser arrestado y crucificado, pidió a tres amigos que velaran con él porque su alma estaba «muy triste, hasta la muerte» (Mateo 26.38).

Debido a que Jesús experimentó dolor en su vida personal, puede identificarse con nosotros en nuestros dolores y desilusiones. Y cuando se lo permitimos, puede ayudarnos a caminar por una agitación espiritual hacia la victoria. Las Escrituras ofrecen muchas palabras de consuelo y sanidad para el creyente que enfrenta dolor y desilusiones.

Escrituras

Me he consumido a fuerza de gemir; todas las noches inundo de llanto mi lecho, riego mi cama con mis lágrimas... Jehová ha oído mi ruego; ha recibido Jehová mi oración (Salmo 6.6, 9).

Tú lo has visto; porque miras el trabajo y la vejación, para dar la recompensa con tu mano; a ti se acoge el desvalido; tú eres el amparo del huérfano (Salmo 10.14).

Ten misericordia de mí, oh Jehová, porque estoy en angustia; se han consumido de tristeza mis ojos, mi alma también y mi cuerpo (Salmo 31.9).

Dios es nuestro amparo y fortaleza, nuestro pronto auxilio en las tribulaciones (Salmo 46.1).

Desde el cabo de la tierra clamaré a ti, cuando mi corazón desmayare. Llévame a la roca que es más alta que yo (Salmo 61.2).

Alma mía, en Dios solamente reposa, porque de él es mi esperanza. Él solamente es mi roca y mi salvación. Es mi refugio, no resbalaré... Esperad en él en todo tiempo, oh pueblos; derramad delante de él vuestro corazón; Dios es nuestro refugio (Salmo 62.5–8).

Ella [la Palabra de Dios] es mi consuelo en mi aflicción, porque tu dicho me ha vivificado... Sea ahora tu misericordia para consolarme, conforme a lo que has dicho a tu siervo (Salmo 119.50, 76).

No tendrás temor de pavor repentino, ni de la ruina de los impíos cuando viniere, porque Jehová será tu confianza, y él preservará tu pie de quedar preso (Proverbios 3.25–26).

El Espíritu de Jehová el Señor está sobre mí, porque... me ha enviado... a vendar a los quebrantados de corazón, a publicar libertad a los cautivos... a consolar a todos los enlutados; a ordenar que a los afligidos de Sion se les dé gloria en lugar de ceniza, óleo de gozo en lugar de luto, manto de alegría en lugar del espíritu angustiado (Isaías 61.1–3).

Porque [Dios] no aflige ni entristece voluntariamente a los hijos de los hombres (Lamentaciones 3.33).

Bienaventurados los que lloran, porque ellos recibirán consolación (Mateo 5.4).

Bendito sea el Dios y Padre de nuestro Señor Jesucristo, Padre de misericordias y Dios de toda consolación, el cual nos consuela en todas nuestras tribulaciones, para que podamos también nosotros consolar a los que están en cualquier tribulación, por medio de la consolación con que nosotros somos consolados por Dios. Porque de la manera que abundan en nosotros las aflicciones de Cristo, así abunda también por el mismo Cristo nuestra consolación... Y nuestra esperanza respecto de vosotros es firme, pues sabemos que así como sois compañeros en las aflicciones, también lo sois en la consolación (2 Corintios 1.3–7).

Hermanos... una cosa hago: olvidando ciertamente lo que queda atrás, y extendiéndome a lo que está delante, prosigo a la meta, al premio del supremo llamamiento de Dios en Cristo Jesús (Filipenses 3.13–14).

Tampoco queremos, hermanos, que ignoréis acerca de los que duermen, para que no os entristezcáis como los otros que no tienen esperanza. Porque si creemos que Jesús murió y resucitó, así también traerá Dios con Jesús a los que durmieron en él... Porque el Señor mismo con voz de mando, con voz de arcángel, y con trompeta de Dios, descenderá del cielo; y los muertos en Cristo resucitarán primero (1 Tesalonicenses 4.13–16).

Puestos los ojos en Jesús, el autor y consumador de la fe, el cual por el gozo puesto delante de él sufrió la cruz, menospreciando el oprobio, y se sentó a la diestra del trono de Dios (Hebreos 12.2).

En lo cual vosotros os alegráis, aunque ahora por un poco de tiempo, si es necesario, tengáis que ser afligidos en diversas pruebas... Mas vosotros sois linaje escogido, real sacerdocio, nación santa, pueblo adquirido por Dios, para que anunciéis las virtudes de aquel que os llamó de las tinieblas a su luz admirable... gozaos por cuanto sois participantes de los padecimientos de Cristo, para que también en la revelación de su gloria os gocéis con gran alegría (1 Pedro 1.6; 2.9; 4.13).

Porque el Cordero que está en medio del trono los pastoreará, y los guiará a fuentes de aguas de vida; y Dios enjugará toda lágrima de los ojos de ellos... y ya no habrá muerte, ni habrá más llanto, ni clamor, ni dolor; porque las primeras cosas pasaron (Apocalipsis 7.17; 21.4).

Oración para los que sufren dolor del alma

Padre, reconozco ante ti mi dolor, enojo, temor, tristeza, sensación de pérdida y sentimientos que me abruman. Me pongo en tus manos para que me guíes por este proceso del dolor del alma y de la aflicción, sabiendo que me consolarás y me harás avanzar a mi propio ritmo. Señor, sólo tú eres mi refugio, el que provee restauración total a mi cuerpo, alma y espíritu. Gracias por guardarme de ser atrapado por las trampas ocultas del enemigo. Escojo poner mi confianza en ti, aunque no siempre comprendo lo que sucede. Rodéame de la paz y el consuelo de tu Espíritu Santo, te lo pido en el nombre de Jesús, amén.

Oración para los que están desilusionados

Padre, esta desilusión es casi más de lo que puedo soportar,
pero descanso en tu promesa de que el Espíritu Santo me consolará.
Necesito la seguridad de ese consuelo ahora. Gracias porque tú conoces
el camino que tengo por delante, y ordenarás mis pasos.
Ayúdame a confiar en ti en estos tiempos de incertidumbre
y a caminar en la confianza del amor que me tienes.
Me niego a permitirle al enemigo que me robe el gozo.
Sólo tú eres la fuente de mi vida y me regocijo en ti a pesar
de mis circunstancias. Gracias por tu fidelidad, amén.

14

CÓMO RECUPERAR LA AUTOESTIMA

Aunque hemos sido hechos a la imagen de Dios, nuestro Creador, y somos coherederos con Cristo, muchos creyentes continúan sufriendo de poca autoestima, de inseguridad y de ansiedad. ¿Por qué? Mayormente porque perdemos de vista la santa herencia que tenemos. El Salmo 139 nos asegura que Dios sabía de cada uno de nosotros aun antes de que fuéramos concebidos.

> Oh Jehová, tú me has examinado y conocido. Tú has conocido mi sentarme y mi levantarme; has entendido desde lejos mis pensamientos. Has escudriñado mi andar y mi reposo, y todos mis caminos te son conocidos... Porque tú formaste mis entrañas; tú me hiciste en el vientre de mi madre. Te alabaré; porque formidables, maravillosas son tus obras; estoy maravillado, y mi alma lo sabe muy bien (Salmo 139.1–3, 13–14).

Frecuentemente, cuando una persona tiene baja autoestima se debe a un trasfondo de rechazo o abandono por parte de aquellos en quien él o ella había confiado. Sufrir abuso físico, emocional o sexual ciertamente puede resultar en la pérdida de autoestima, en cuyo caso podría ser necesario acudir a un consejero profesional. Pero el deseo mayor de Dios es que nos veamos a nosotros mismos como sus hijos amados. Él es un Padre celestial que nunca nos rechazará ni nos abandonará. La psicóloga clínica Diane Langberg escribe:

> Podemos sentirnos inútiles e intranscendentes, sin valor alguno para Dios ni para los demás, pero la forma en la cual Dios nos ve no depende de cómo nos vemos nosotros mismos con los propios ojos... Tenemos una perspectiva incorrecta de nosotros mismos.

En lugar de mantener a Dios en el punto central, el hombre se ha puesto a sí mismo en el centro.[1]

La doctora Langberg señala que algunos individuos invierten una cantidad grande de energía en odiarse a sí mismos, enfocándose constantemente en lo malos, faltos de importancia y carentes de valor que son. El enemigo, que sabe cuáles son nuestras debilidades, constantemente nos recuerda de todos nuestros fracasos y fallas del pasado. Luego siembra pensamientos de condenación y una sensación de desesperanza de que nunca podremos cambiar.

Sin embargo, cuando Dios envió a su Hijo a morir por nosotros, demostró de modo gráfico el valor altísimo que nos ha conferido. Cuando envió al Espíritu Santo a morar en nuestros corazones, Dios nuevamente intervino para transformarnos de modo que nuestras vidas reflejen su imagen. Pablo describe este proceso: «Por tanto, nosotros todos, mirando a cara descubierta como en un espejo la gloria del Señor, somos transformados de gloria en gloria en la misma imagen, como por el Espíritu del Señor» (2 Corintios 3.18).

Debemos recordar que ser transformados a la semejanza de Dios requiere tiempo, tal como se requiere tiempo para cultivar un fruto. De hecho, no estaremos maduros para ser cosechados ¡hasta que demos nuestro último suspiro en la tierra! Nuestro aliento debe provenir de ver aun los pasos más pequeños de crecimiento durante el trayecto.

Las personas que sufren de autoestima baja algunas veces se encuentran consumidas por la ansiedad—la cual puede variar desde una preocupación leve hasta un terror paralizante, o de dudas persistentes hasta una melancolía excesiva. La artimaña secreta de Satanás es atacar nuestras mentes y emociones, sembrando ideas que no concuerdan con las verdades divinas y manteniéndonos enfocados en nuestras propias necesidades. La mente frecuentemente resulta ser nuestro campo de batalla más grande.

Las Escrituras nos exhortan a rechazar estos pensamientos equivocados y meditar en la verdad divina. Pero como Dios nunca viola el libre albedrío del individuo, es necesario que personalmente escojamos establecer estos remedios en nuestra vida para obtener la victoria.

Escrituras para rechazar pensamientos incorrectos

Examíname, oh Dios, y conoce mi corazón; pruébame y conoce mis pensamientos; y ve si hay en mí camino de perversidad, y guíame en el camino eterno (Salmo 139.23–24).

Pon guarda a mi boca, oh Jehová; guarda la puerta de mis labios. No dejes que se incline mi corazón a cosa mala, a hacer obras impías con los que hacen iniquidad; y no coma yo de sus deleites (Salmo 141.3–4).

No os conforméis a este siglo, sino transformaos por medio de la renovación de vuestro entendimiento, para que comprobéis cuál sea la buena voluntad de Dios, agradable y perfecta (Romanos 12.2).

Derribando argumentos y toda altivez que se levanta contra el conocimiento de Dios, y llevando cautivo todo pensamiento a la obediencia a Cristo (2 Corintios 10.5).

En cuanto a la pasada manera de vivir, despojaos del viejo hombre, que está viciado conforme a los deseos engañosos, y renovaos en el espíritu de vuestra mente, y vestíos del nuevo hombre, creado según Dios en la justicia y santidad de la verdad (Efesios 4.22–24).

Porque por ahí andan muchos, de los cuales os dije muchas veces, y aun ahora lo digo llorando, que son enemigos de la cruz de Cristo... que sólo piensan en lo terrenal. Mas nuestra ciudadanía está en los cielos, de donde también esperamos al Salvador, al Señor Jesucristo; el cual transformará el cuerpo de la humillación nuestra, para que sea semejante al cuerpo de la gloria suya (Filipenses 3.18–21).

Escrituras acerca de meditar en la Palabra de Dios

Nunca se apartará de tu boca este libro de la ley, sino que de día y de noche meditarás en él, para que guardes y hagas conforme a todo lo que en él está escrito; porque entonces harás prosperar tu camino, y todo te saldrá bien (Josué 1.8).

Y tú, Salomón, hijo mío, reconoce al Dios de tu padre, y sírvele con corazón perfecto y con ánimo voluntario; porque Jehová escudriña los corazones de todos, y entiende todo intento de los pensamientos. Si tú le buscares, lo hallarás; mas si lo dejares, él te desechará para siempre (1 Crónicas 28.9).

Meditaré en todas tus obras, y hablaré de tus hechos (Salmo 77.12).

Amarás al Señor tu Dios con todo tu corazón, y con toda tu alma, y con toda tu mente. Este es el primero y grande mandamiento (Mateo 22.37–38).

Mas nosotros tenemos la mente de Cristo (1 Corintios 2.16).

De modo que si alguno está en Cristo, nueva criatura es; las cosas viejas pasaron; he aquí todas son hechas nuevas (2 Corintios 5.17).

Otras Escrituras

Respondió Job a Jehová, y dijo: Yo conozco que todo lo puedes, y que no hay pensamiento que se esconda de ti (Job 42.1–2).

Jehová cumplirá su propósito en mí; tu misericordia, oh Jehová, es para siempre; no desampares la obra de tus manos (Salmo 138.8).

No fue encubierto de ti mi cuerpo, bien que en oculto fui formado, y entretejido en lo más profundo de la tierra. Mi embrión vieron tus ojos, y en tu libro estaban escritas todas aquellas cosas que fueron luego formadas, sin faltar una de ellas. ¡Cuán preciosos me son, oh Dios, tus pensamientos! ¡Cuán grande es la suma de ellos! Si los enumero, se multiplican más que la arena; despierto, y aún estoy contigo (Salmo 139.15–18).

La muerte y la vida están en poder de la lengua, y el que la ama comerá de sus frutos (Proverbios 18.21).

Muchos pensamientos hay en el corazón del hombre; mas el consejo de Jehová permanecerá (Proverbios 19.21).

No os acordéis de las cosas pasadas, ni traigáis a memoria las cosas antiguas. He aquí que yo hago cosa nueva; pronto saldrá a luz; ¿no la conoceréis? (Isaías 43.18–19)

Si Dios es por nosotros, ¿quién contra nosotros? (Romanos 8.31)

Pero Dios, que es rico en misericordia, por su gran amor con que nos amó, aun estando nosotros muertos en pecados, nos dio vida juntamente con Cristo, y juntamente con él nos resucitó, y asimismo nos hizo sentar en los lugares celestiales con Cristo Jesús... Porque somos hechura suya, creados en Cristo Jesús para buenas obras, las cuales Dios preparó de antemano para que anduviésemos en ellas (Efesios 2.4–6, 10).

Pero por esto [yo, Pablo,] fui recibido a misericordia, para que Jesucristo mostrase en mí el primero toda su clemencia, para ejemplo de los que habrían de creer en él para vida eterna (1 Timoteo 1.16).

Dios es amor; y el que permanece en amor, permanece en Dios, y Dios en él (1 Juan 4.16).

Oración

Señor, estoy eternamente agradecido de que me sacaste
de la desesperación y pusiste mis pies en suelo firme.
Gracias por amarme tanto que moriste por mí, aun cuando
yo no era digno de ser amado. Ayúdame siempre a entregarme
a tu plan a medida que tú me conformas a tu propia imagen.
Sé que si tú eres por mí, y lo eres, entonces ningún plan
del enemigo prevalecerá. Señor, ayúdame a vivir de manera
que los demás vean tu belleza en mí. En el nombre de Jesús, amén.

PARTE III

CÓMO DEFENDER EL FRENTE DE BATALLA EN SU HOGAR

15

TÁCTICAS DE GUERRA PARA SU MATRIMONIO Y SUS RELACIONES ROTAS

Tal vez considere que su matrimonio ha gozado de un estado razonablemente bueno en sus relaciones, la mayor parte del tiempo en los años transcurridos desde el día de su casamiento. Usted y su cónyuge son creyentes, por lo general son compatibles y comparten metas relativamente en común. No obstante, se ve a sí mismo en una o más de las situaciones siguientes. De hecho, tal vez se sienta profundamente preocupado por la frecuencia con la cual ocurre alguno de los incidentes que se mencionan a continuación:

- Discusiones con su cónyuge sobre asuntos relativamente menores y luego guarda un resentimiento por ello

- Hay resentimiento cuando su cónyuge gasta dinero sin primero consultarle

- Sentimiento de abandono cuando pasa solo en casa mientras su cónyuge se encuentra en una reunión que no le incluye a usted, o cuando su cónyuge pasa tiempo con personas que usted piensa que ejercen influencia negativa sobre él o ella

- Usted dice o escucha: «¿Por qué siempre llegas tarde?» (u otra expresión negativa con la palabra «siempre» o «nunca»)

- Se resiente cuando su cónyuge es más cortés o atento con otros (especialmente si son del sexo opuesto) que con usted

- Piensa que su cónyuge de seguro malinterpretará sus verdaderos sentimientos si intenta expresarlos—de modo que los reprime

- Usted mide el tiempo que ha transcurrido desde el último cumplido, regalo de amor o experiencia romántica que ha tenido

- Se percata de que ha estado comparando a su cónyuge de modo desfavorable con una persona que trata en la actualidad o con un amor previo

- Se da cuenta de que quiere ocultar de su cónyuge ciertas amistades, compras o maneras en las que pasa el tiempo

- Desea que su cónyuge sea tan espiritual (o amigable o interesante) como piensa que usted es, o como otra persona que usted admira

Estas situaciones son ejemplos de problemas cotidianos con los cuales muchos cónyuges cristianos luchan. Si no se confrontan y no se lidia con ellos a través de la oración, de pedir y otorgar perdón y/o buscar consejos de personas que viven según la Palabra de Dios, tales problemas aparentemente pequeños pueden terminar dañando una relación. Son puntos débiles que el diablo aprovechará en sus esfuerzos por destruir un matrimonio (vea Efesios 4.26–27).

Siguiendo el plan de Dios

El matrimonio, la familia y el hogar formaron parte del plan de Dios desde un principio. El segundo capítulo de Génesis registra las palabras que Dios dijo luego de haber creado a Adán: «Y dijo Jehová Dios: No es bueno que el hombre esté solo; le haré ayuda idónea para él» (Génesis 2.18). Cuando Dios formó a la mujer de la costilla que había sacado del hombre, Adán expresó un gran deleite. «Y los bendijo Dios, y les dijo: Fructificad y multiplicaos; llenad la tierra, y sojuzgadla» (Génesis 1.28).

Debido a que el matrimonio fue instituido por Dios, Satanás hace todo lo posible por destruirlo. Intenta dañar relaciones entre personas justas por medio de traer divisiones y malos entendidos, lo cual puede conducir al resentimiento, distanciamiento o divorcio.

Cómo proteger su matrimonio

Pablo enseña que Dios diseñó al matrimonio para que fuera una figura de la relación que existe entre Cristo y su iglesia (vea Efesios 5.21, 24). ¿Acaso debiera sorprendernos que Satanás ataque a los matrimonios, buscando destruirlos? ¿O que intente devastar el fruto del matrimonio, nuestros hijos? Dios quiere que conozcamos las artimañas de Satanás y nos guardemos de ellas (vea 2 Corintios 2.11; Efesios 6.11).

Las parejas cristianas que desean que sus matrimonios prosperen tienen como prioridad orar juntos, andar en perdón mutuo y mantener la comunicación entre ellos abierta y honesta. El doctor Archibald Hart escribe:

> Si somos casados, es necesario que nos enfoquemos en nuestra relación matrimonial. Puesto que nuestra relación con nuestro cónyuge debe ser nuestro único enfoque sexual, es allí donde debemos dirigir nuestra atención. Edificar un buen matrimonio requiere trabajo duro. Cada matrimonio empieza con la unión de dos personas incompatibles en una relación imposible. La tarea que Dios nos da en el matrimonio es convertirlo en algo hermoso. Por la gracia de Dios, esto *puede* lograrse.[1]

En el plan de Dios, la unión sexual de la pareja hace que los dos se conviertan en «una sola carne» (Efesios 5.31), lo que significa que ambos están unidos o cementados juntos. En cuanto a las relaciones sexuales fuera del matrimonio, Pablo escribe:

> ¿O no sabéis que el que se une con una ramera, es un cuerpo con ella? Porque dice: Los dos serán una sola carne... Huid de la fornicación. Cualquier otro pecado que el hombre cometa, está fuera del cuerpo; mas el que fornica, contra su propio cuerpo peca (1 Corintios 6.16, 18).

El autor de la epístola a los Hebreos lo describe de esta manera: «Honroso sea en todos el matrimonio, y el lecho sin mancilla; pero a los fornicarios y a los adúlteros los juzgará Dios» (Hebreos 13.4). Está claro que Dios desea que los cónyuges sean fieles el uno al otro en lo sexual. Para protegerse contra los ataques en esta esfera, los creyentes sabios saben que deberán esforzarse por mantener la relación fuerte, tanto en lo espiritual como en lo emocional.

Orando por un cónyuge infiel

Si bien no existe una *fórmula* para orar por un cónyuge infiel, hay ejemplos bíblicos que nos señalan estrategias poderosas de oración. Una historia cuenta sobre cómo Dios intervino a favor de Oseas, un marido con una mujer infiel:

Porque ... [Gomer] dijo: Iré tras mis amantes, que me dan mi pan y mi agua, mi lana y mi lino, mi aceite y mi bebida. Por tanto, he aquí yo [Dios] rodearé de espinos su camino, y la cercaré con seto, y no hallará sus caminos. Seguirá a sus amantes, y no los alcanzará; los buscará, y no los hallará. Entonces dirá: Iré y me volveré a mi primer marido; porque mejor me iba entonces que ahora (Oseas 2.5–7).

Dios le dijo a Oseas que estorbaría el camino de Gomer con espinos, para que sus amantes perdieran interés en ella, y eso fue precisamente lo que sucedió. Dios rodeó a Gomer e impidió que ella y sus amantes se encontraran. Esa barrera protectora dio como resultado un cambio de corazón en Gomer.

La historia de Oseas sirve como patrón para los que oran por cónyuges infieles o los que oran por alguien que se encuentra en una relación adúltera. Ninguna persona puede vencer una determinación voluntaria de un cónyuge si este busca una relación sexual fuera del matrimonio. Pero podemos pedirle a Dios que intervenga como sólo Él puede hacerlo. Ore pidiéndole al Señor que intervenga y que ponga una barrera entre el cónyuge infiel y su amante, y que ponga a un creyente fuerte en el camino de la persona descarriada para que hable lo que dice la Palabra de Dios en cuanto a esa situación.

Cómo arreglar una relación rota

Es esencial que el cónyuge infiel que retorna a su cónyuge rompa los vínculos de impiedad establecidos a través de relaciones sexuales ilícitas. Para lograr esto, el cónyuge que retorna debería hacer lo siguiente:

1. Arrepentirse de haber quebrantado la ley divina. Pedirle perdón a Dios por cada relación ilícita, mencionando por nombre a las personas con las cuales ha tenido relaciones sexuales fuera del matrimonio.

2. Declarar en el nombre de Jesús que todos los vínculos del pasado ahora han sido rotos, y que ya no le afectarán más.

3. Mandar a todos los espíritus inmundos asociados con las relaciones ilícitas del pasado que se vayan en el nombre de Jesús. El diablo ya no tiene derecho alguno sobre esta esfera de su vida porque se encuentra bajo la sangre de Jesús.

4. Darle gracias a Dios por su perdón, su limpieza y por su cónyuge que le volvió a recibir.

5. Pedir al Señor que le fortalezca para andar en su libertad y no estar «otra vez sujetos al yugo de esclavitud» (Gálatas 5.1).[2]

El perdón trae libertad

Algunas familias están plagadas constantemente por luchas, ira, amargura o tensión porque uno o más miembros de la familia han abierto la puerta al enemigo. Tal división con frecuencia se debe a que una persona voluntariamente ha buscado la desobediencia, rebelión, celos, inmoralidad, participación en ocultismo, idolatría, orgullo, egoísmo o abuso de sustancias químicas, para mencionar sólo algunas causas posibles.

El enemigo aprovecha todo punto de entrada que tenga disponible para lograr acceso a nuestras relaciones más cercanas. Si su familia exhibe un patrón específico de pecado (tal como adulterio, incesto, adicciones o participación en el ocultismo), podría ser necesario romper tal poder con la oración. Antes de retornar a Jerusalén a reconstruir el muro derribado de la tierra natal de sus ancestros, Nehemías lloró, hizo duelo, ayunó, oró y confesó los pecados de sus padres (vea Nehemías 1.6–7).

Si bien no podemos obligar a un adulto a que abandone su elección de pecar, podemos evitar que la desobediencia de otra persona arruine nuestra relación con el Señor (y con los demás), y nos robe el gozo. El factor clave para restaurar una relación rota es el *perdón*.

No hay libertad que pueda compararse a la que viene cuando decidimos perdonar a una persona contra la cual hemos guardado rencor porque nos ha herido en alguna manera. Esto libra a dicha persona de nuestro juicio y también nos libra a nosotros del pecado venenoso de la falta de perdón. Esta liberación permite a Dios lidiar de manera más directa con el ofensor, sin interferencias.

Un maestro de la Biblia ha declarado: «Perdonar es como absolver a un acusado, declarándole inocente aun si es culpable, y tratar con él como si fuera inocente. Es como poner a una persona en libertad de la prisión, las cadenas o la esclavitud». El perdón lleva consigo una promesa conectada, como lo ilustran los versículos siguientes:

No juzguéis, y no seréis juzgados; no condenéis, y no seréis condenados; perdonad, y seréis perdonados (Lucas 6.37).

Así hablad, y así haced, como los que habéis de ser juzgados por la ley de la libertad. Porque juicio sin misericordia se hará con aquel que no hiciere misericordia; y la misericordia triunfa sobre el juicio (Santiago 2.12–13).

Jesús murió para saldar nuestra deuda inmensa de pecado. Si el Hijo de Dios pudo colgar de la cruz y decir: «Padre, perdónalos», ¿cómo es posible que no perdonemos a uno que nos ha ofendido? Pídale al Señor que lo ayude a tomar esa decisión. El perdón es un *acto de la voluntad*, no una *emoción*. Cuando usted elige seguir el ejemplo de Cristo, Él prontamente viene a auxiliarle.

El perdón también puede definirse como una concesión u otorgamiento incondicional de nuestro favor, o dejar a un lado nuestro deseo de desquitarnos. Vemos un modelo de esta perspectiva en la epístola que Pablo dirige a los efesios: «Quítense de vosotros toda amargura, enojo, ira, gritería y maledicencia, y toda malicia. Antes sed benignos unos con otros, misericordiosos, perdonándoos unos a otros, como Dios también os perdonó a vosotros en Cristo (Efesios 4.31–32).

Después de haber concedido el perdón libremente, su cónyuge y usted podrían necesitar la ayuda de un consejero capacitado para restaurar la comunicación entre ustedes y reconstruir la confianza. Desafortunadamente, algunos matrimonios fracasan cuando las dos partes no están dispuestas a esforzarse por la reconciliación. (Para una descripción más completa sobre cómo orar por los matrimonios, vea nuestro libro *A Woman's Guide to Spiritual Warfare* [Guía de la Guerra Espiritual para Mujeres]).

Muchas mujeres llegan a un divorcio del cual no tienen la culpa ellas y, tristemente, en muchos casos se las hace sentir como si fueran ciudadanas de segunda categoría. Pero Dios ve sus corazones, conoce la vergüenza que sienten y les consuela en su nuevo papel de solteras. Aun en el peor de los casos, Dios puede fortalecerla y sustentarla, sin importar el rumbo que su cónyuge decida seguir.

Oración para romper un patrón de pecado

Padre Dios, confieso delante de ti los pecados de mis antepasados, y te pido que tengas misericordia de mí y de los miembros de mi familia. Perdóname por el pecado de [mencione el pecado por nombre] que ha existido en nuestra familia por generaciones. Te agradezco porque Jesucristo vino para librarnos de la maldición de las iniquidades de nuestros antepasados. Oro que cada miembro de mi familia reciba la limpieza por la sangre de Jesús y la salvación que sólo Él puede dar.

Por el poder y la autoridad de Jesucristo, destruyo este patrón de pecado y declaro rota su maldición. Ya no tiene derecho alguno de invadir nuestro linaje. Gracias, Padre, por la libertad que es nuestra a través de la sangre derramada de tu Hijo Jesucristo. Amén.

Escrituras sobre el matrimonio

Si Jehová no edificare la casa, en vano trabajan los que la edifican (Salmo 127.1).

El que halla esposa halla el bien, y alcanza la benevolencia de Jehová (Proverbios 18.22).

Mujer virtuosa, ¿quién la hallará? Porque su estima sobrepasa largamente a la de las piedras preciosas... Se levantan sus hijos y la llaman bienaventurada; y su marido también la alaba: Muchas mujeres hicieron el bien; mas tú sobrepasas a todas (Proverbios 31.10, 28–29).

Porque Jehová ha atestiguado entre ti y la mujer de tu juventud, contra la cual has sido desleal, siendo ella tu compañera, y la mujer de tu pacto. ¿No hizo él uno, habiendo en él abundancia de espíritu? ¿Y por qué uno? Porque buscaba una descendencia para Dios. Guardaos, pues, en vuestro espíritu, y no seáis desleales para con la mujer de vuestra juventud (Malaquías 2.14–15).

Porque Jehová Dios de Israel ha dicho que él aborrece el repudio [divorcio], y al que cubre de iniquidad su vestido [su esposa], dijo Jehová de los ejércitos. Guardaos, pues, en vuestro espíritu, y no seáis desleales [con su cónyuge] (Malaquías 2.16).

Por esto dejará el hombre a su padre y a su madre, y se unirá a su mujer, y los dos serán una sola carne; así que no son ya más dos, sino uno. Por tanto, lo que Dios juntó, no lo separe el hombre (Marcos 10.7–9).

El marido cumpla con la mujer el deber conyugal, y asimismo la mujer con el marido. La mujer no tiene potestad sobre su propio cuerpo, sino el marido; ni tampoco tiene el marido potestad sobre su propio cuerpo, sino la mujer (1 Corintios 7.3–4).

La mujer casada está ligada por la ley mientras su marido vive; pero si su marido muriere, libre es para casarse con quien quiera, con tal que sea en el Señor (1 Corintios 7.39).

El amor es sufrido, es benigno; el amor no tiene envidia, el amor no es jactancioso, no se envanece; no hace nada indebido, no busca lo suyo, no se irrita, no guarda rencor; no se goza de la injusticia, mas se goza de la verdad. Todo lo sufre, todo lo cree, todo lo espera, todo lo soporta (1 Corintios 13.4–7).

Las casadas estén sujetas a sus propios maridos, como al Señor; porque el marido es cabeza de la mujer, así como Cristo es cabeza de la iglesia, la cual es su cuerpo, y él es su Salvador. Así que, como la iglesia está sujeta a Cristo, así también las casadas lo estén a sus maridos en todo. Maridos, amad a vuestras mujeres, así como Cristo amó a la iglesia, y se entregó a sí mismo por ella... Así también los maridos deben amar a sus mujeres como a sus mismos cuerpos. El que ama a su mujer, a sí mismo se ama (Efesios 5.22–25, 28).

Vosotros, maridos, igualmente, vivid con ellas sabiamente, dando honor a la mujer como a vaso más frágil, y como a coherederas de la gracia de la vida, para que vuestras oraciones no tengan estorbo (1 Pedro 3.7).

Oración para las esposas

Señor, deseo ser la compañera que tú quieres que sea para mi esposo
y que él necesita. Capacítame para ayudarlo y alentarlo todos los días de su vida,
y para que él siempre tenga confianza en mí.
Fortaléceme para velar por los asuntos del hogar con sabiduría.
Señor, ayúdanos a respetarnos y amarnos mutuamente.
Que nuestro hogar sea un lugar de paz y seguridad
en donde te honramos y te adoramos.
Te lo pido en el nombre de Jesús, amén.

Oración para los esposos

Señor, ayúdame a amar a mi esposa como Jesús amó a la iglesia.
Te doy gracias por esta mujer especial que me has dado.
Ayúdame a mostrarle cuánto la amo, la aprecio y la valoro.
Ayúdame a ser un compañero fiel y un buen proveedor para ella.
Ayúdanos a servirte juntos, Padre, y a ser un ejemplo de piedad para nuestros hijos.
Te lo pido en el nombre de Jesús, amén.

Oración conforme a las Escrituras por un cónyuge creyente

Padre, te pido a ti, el Dios de paz, que santifiques a mi esposo/esposa completamente,
purificándolo/a y consagrándolo/a completamente a ti. Que su espíritu,
alma y cuerpo sean guardados en ti, y que sean hallados irreprensibles
en la venida de nuestro Señor Jesucristo. Padre, sé que tú,
el que lo/a llamaste, eres fiel y completamente digno de confianza,
y que lo harás [1 Tesalonicenses 5.23–24].

Oración conforme a las Escrituras por un cónyuge inconverso

Señor, te pido que le abras los ojos de mi esposo/esposa inconverso y que se convierta
de las tinieblas a la luz, y de la potestad de Satanás a Dios para que él/ella
pueda recibir el perdón de pecados y la herencia entre los santificados por
la fe en Jesucristo. Padre, por favor envía a alguien en su camino que con
mansedumbre lo/a corrija con la esperanza de que Dios le conceda
que se arrepienta para conocer la verdad, y que él/ella recapacite
y escape del lazo del diablo, en que está cautivo/a a voluntad
de él [vea Hechos 26.18 y 2 Timoteo 2.25–26].

Escrituras sobre los conflictos

Pon guarda a mi boca, oh Jehová; guarda la puerta de mis labios (Salmo 141.3).

Sobre toda cosa guardada, guarda tu corazón; porque de él mana la vida. Aparta de ti la perversidad de la boca, y aleja de ti la iniquidad de los labios (Proverbios 4.23–24).

La blanda respuesta quita la ira; mas la palabra áspera hace subir el furor... El que guarda su boca y su lengua, su alma guarda de angustias (Proverbios 15.1; 21.23).

Porque por tus palabras serás justificado, y por tus palabras serás condenado (Mateo 12.37).

Si es posible, en cuanto dependa de vosotros, estad en paz con todos los hombres (Romanos 12.18).

Nada hagáis por contienda o por vanagloria; antes bien con humildad, estimando cada uno a los demás como superiores a él mismo; no mirando cada uno por lo suyo propio, sino cada cual también por lo de los otros. Haya, pues, en vosotros este sentir que hubo también en Cristo Jesús (Filipenses 2.3–5).

Por esto, mis amados hermanos, todo hombre sea pronto para oír, tardo para hablar, tardo para airarse (Santiago 1.19).

Oración contra los conflictos

*Señor, dame sabiduría para ayudar a reparar las rupturas y sanar las relaciones heridas.
Ayúdame a no ser parte de los conflictos y disensiones. Quiero agradarte a ti,
y también ser un buen ejemplo para los demás, especialmente para mi cónyuge
y los miembros de mi familia. Guarda mi boca del engaño y la malicia.
Ayúdame con la fuerza que sólo tú puedes proporcionar
para andar en perdón. En el nombre de Jesús, amén.*

CÓMO INTERCEDER
POR SUS HIJOS

Los hijos son un don valiosísimo, una herencia del Señor. ¡Qué privilegio es interceder por ellos, orando para que logren el potencial pleno que Dios tiene planeado para ellos!

A Dios le han preocupado profundamente las familias desde que unió a Adán y Eva. Cuando destruyó la tierra con un diluvio a causa de la maldad de la humanidad, escogió preservar a Noé y a su familia. Tal como la salvación de ellos dependió de que entraran por la puerta del arca, así también nuestras familias tienen una puerta de entrada a la salvación: Jesucristo.

Como padres, el clamor de Josué resuena en nosotros: «Pero yo y mi casa serviremos a Jehová» (Josué 24.15). Aun si usted no tiene hijos, Dios tal vez le pida que interceda por algunos niños—quizás niños que no tengan a nadie más intercediendo por ellos. Niños que necesitan al Salvador se encuentran por todas partes: escuelas, iglesias, vecindarios, calles, el metro, autobuses, centros comerciales, playas, parques. Pero su amor y oraciones pueden hacer una diferencia.

Personalizando las Escrituras

Una táctica para la guerra espiritual que es particularmente eficaz consiste en personalizar los versículos de las Escrituras cuando oramos. Usualmente esto resulta tan sencillo como sustituir los pronombres que aparecen en las Escrituras con los nombres de los hijos o personas por quienes se está intercediendo. Por ejemplo, el Salmo 23.3 podría personalizarse de esta manera: *Gracias, Señor porque guías a mi hijo [nombre] por sendas de justicia por amor de tu nombre.* El versículo toma fuerza adicional tanto como expresión de alabanza al Señor como declaración de la verdad al enemigo.

Oramos de modo diferente por nuestros hijos en las diferentes etapas de sus vidas. Por ejemplo, a continuación tenemos una combinación de versículos en paráfrasis para orar por un joven que es estudiante o que tiene un empleo:

Señor, que mi hijo, tal como Daniel, demuestre ser enseñado en toda sabiduría, sabio en ciencia y buen entendimiento, y que sea idóneo para estar en lugares de influencia y autoridad. Que él/ella hable con sabiduría y prudencia y que sea hallado en él/ella mayor espíritu, ciencia y entendimiento, y que también tenga la habilidad de resolver problemas difíciles. Señor, te pido que concedas a [nombre] sabiduría y prudencia tan inmensurables como la arena que está a la orilla del mar
(vea Daniel 1.4; 2.14; 5.12 y 1 Reyes 4.29).

Otra forma de personalizar estos mismos versículos de las Escrituras es sustituir el nombre de su hijo por los pronombres que aparecen y declararlo en voz alta: *Mi hijo demostrará ser enseñado en toda sabiduría, sabio en ciencia y buen entendimiento. Él/ella hablará con sabiduría y prudencia. Se hallará en él/ella mayor espíritu, ciencia y entendimiento, y también tendrá la capacidad de resolver problemas difíciles. Él/ella tiene sabiduría y prudencia tan inmensurables como la arena que está a la orilla del mar.*

Por medio de escuchar la palabra de Dios, aun de nuestros propios labios, permanecemos firmes en su verdad y la aplicamos a nuestra propia familia. No sólo hemos fortalecido nuestra fe personal, sino que también hemos asestado un golpe al reino de las tinieblas.

Oraciones conforme a las Escrituras en cuanto al crecimiento espiritual

Gracias, Señor, que tú conoces los planes que tienes para mi hijo(a), planes para prosperar a [nombre] y no para mal, planes para darle a [nombre] una esperanza y un futuro (vea Jeremías 29.11).

Que mi hijo(a) viva una vida digna del Señor, agradándole en todo, llevando fruto en toda buena obra, y creciendo en el conocimiento de Dios; fortalecido con todo poder, conforme a la potencia de su gloria, para que [nombre] tenga toda paciencia y longanimidad; y que con gozo dé gracias al Padre que ha hecho a [nombre] apto para participar de la herencia de los santos en luz. Porque Él ha librado a [nombre] de la potestad de las tinieblas, y lo ha trasladado al reino de su amado Hijo, en quien [nombre] tiene redención por su sangre, el perdón de pecados (vea Colosenses 1.10–14).

Preparando los planes para la Batalla

Todos los hijos, tanto los descarriados como los piadosos, necesitan de nuestras oraciones. Pero los tipos de oraciones difieren según las circunstancias específicas. Las batallas bíblicas no se libraron siguiendo una misma estrategia. De igual modo, debemos buscar *el plan de batalla de Dios* cuando oramos por nuestros hijos, pidiéndole que nos revele Escrituras apropiadas para cada situación. Consideremos cómo Dios podría guiarle a orar por un hijo que está recibiendo influencia adversa de sus amigos:

1. Ore como lo hizo David cuando creyó que su hijo Absalón estaba escuchando consejos malos. Pida al Señor que torne los consejos que su hijo/a está recibiendo en necedad (vea 2 Samuel 15.31).

2. Pida en oración que su hijo/a sea librado de hombres perversos y malos, y que Dios le fortalezca y lo/a proteja del maligno (vea 2 Tesalonicenses 3.2–3).

3. Bendiga a cada uno de los amigos de su hijo/a, aun cuando su deseo natural sea que Dios quite esa influencia nociva de la vida de su hijo. Ore pidiendo que Dios logre su plan y propósito en esa persona, por medio de traer a las personas correctas a su vida en el momento correcto (vea Efesios 1.11; Mateo 9.38). Dios rompió la cautividad de Job cuando éste oró por sus amigos, y estos amigos no eran precisamente la clase de amigos que la mayoría de nosotros quisiéramos tener (vea Job 42.10).

Pida a Dios que le guíe a otras Escrituras que pueda utilizar en oración; algunas se dan en este capítulo.

Metas piadosas

¿Qué es lo que Dios desea para nuestros hijos? Su Palabra proporciona muchas respuestas en cuanto al corazón de nuestro Padre celestial hacia los pequeñitos:

1. Que Jesucristo sea formado en ellos (vea Gálatas 4.19).

2. Que ellos, semillas de justicia, sean librados del maligno (vea Proverbios 11.21; Mateo 6.13).

3. Que ellos «sean enseñados por Jehová» y que se multiplique su paz (Isaías 54.13).

4. Que ejerciten sus sentidos para el discernimiento del bien y del mal (vea Hebreos 5.14), y que tengan «una buena conciencia hacia Dios» (1 Pedro 3.21).

5. Que las leyes de Dios estén en sus mentes y en sus corazones (vea Hebreos 8.10).

6. Que escojan compañeros que sean sabios, no necios ni partícipes de inmoralidad sexual borracheras ni idolatría, que no sean maldicientes ni ladrones (vea Proverbios 13.20, 1 Corintios 5.11).

7. Que se mantengan sexualmente puros y se guarden únicamente para su cónyuge, pidiendo a Dios que les conceda gracia para guardar tal compromiso (Efesios 5.3, 31–33).

8. Que honren a sus padres (Efesios 6.1–3).

Hay muchas otras Escrituras que podrían añadirse a esta lista, la cual cambiará con el paso del tiempo, según Dios le muestre nuevas maneras de orar su Palabra. Pídale que le muestre promesas específicas sobre las cuales apoyarse en situaciones difíciles.

Escrituras acerca de los hijos

Conoce, pues, que Jehová tu Dios es Dios, Dios fiel, que guarda el pacto y la misericordia a los que le aman y guardan sus mandamientos, hasta mil generaciones (Deuteronomio 7.9).

Acordaos del Señor, grande y temible, y pelead por vuestros hermanos, por vuestros hijos y por vuestras hijas, por vuestras mujeres y por vuestras casas (Nehemías 4.14).

He aquí, herencia de Jehová son los hijos; cosa de estima el fruto del vientre (Salmo 127.3).

Instruye al niño en su camino, y aun cuando fuere viejo no se apartará de él (Proverbios 22.6).

No temas, porque yo estoy contigo; del oriente traeré tu generación, y del occidente te recogeré... Porque yo derramaré aguas sobre el sequedal, y ríos sobre la tierra árida; mi Espíritu derramaré sobre tu generación, y mi bendición sobre tus renuevos (Isaías 43.5; 44.3).

Pero así dice Jehová: Ciertamente el cautivo será rescatado del valiente, y el botín será arrebatado al tirano; y tu pleito yo lo defenderé, y yo salvaré a tus hijos (Isaías 49.25).

Y todos tus hijos serán enseñados por Jehová; y se multiplicará la paz de tus hijos... Ninguna arma forjada contra ti prosperará, y condenarás toda lengua que se levante contra ti en juicio. Esta es la herencia de los siervos de Jehová, y su salvación de mí vendrá, dijo Jehová (Isaías 54.13, 17).

Y este será mi pacto con ellos, dijo Jehová: El Espíritu mío que está sobre ti, y mis palabras que puse en tu boca, no faltarán de tu boca, ni de la boca de tus hijos, ni de la boca de los hijos de tus hijos, dijo Jehová, desde ahora y para siempre (Isaías 59.21).

Así ha dicho Jehová: Reprime del llanto tu voz, y de las lágrimas tus ojos; porque salario hay para tu trabajo, dice Jehová, y volverán de la tierra del enemigo. Esperanza hay también para tu porvenir, dice Jehová, y los hijos volverán a su propia tierra (Jeremías 31.16–17).

Y después de esto derramaré mi Espíritu sobre toda carne, y profetizarán vuestros hijos y vuestras hijas (Joel 2.28).

El hará volver el corazón de los padres hacia los hijos, y el corazón de los hijos hacia los padres (Malaquías 4.6).

Porque para vosotros es la promesa [del Espíritu Santo], y para vuestros hijos, y para todos los que están lejos; para cuantos el Señor nuestro Dios llamare (Hechos 2.39).

No ceso de dar gracias por vosotros, haciendo memoria de vosotros en mis oraciones, para que el Dios de nuestro Señor Jesucristo, el Padre de gloria, os dé espíritu de sabiduría y de revelación en el conocimiento de él, alumbrando los ojos de vuestro entendimiento, para que sepáis cuál es la esperanza a que él os ha llamado, y cuáles las riquezas de la gloria de su herencia en los santos, y cuál la supereminente grandeza de su poder para con nosotros los que creemos, según la operación del poder de su fuerza (Efesios 1.16–19).

Para que os dé, conforme a las riquezas de su gloria, el ser fortalecidos con poder en el hombre interior por su Espíritu; para que habite Cristo por la fe en vuestros corazones, a fin de que, arraigados y cimentados en amor, seáis plenamente capaces de comprender con todos los santos cuál sea la anchura, la longitud, la profundidad y la altura, y de conocer el amor de Cristo, que excede a todo conocimiento, para que seáis llenos de toda la plenitud de Dios (Efesios 3.16–19).

Escrituras sobre la salvación

He aquí que no se ha acortado la mano de Jehová para salvar, ni se ha agravado su oído para oír (Isaías 59.1).

Cree en el Señor Jesucristo, y serás salvo, tú y tu casa (Hechos 16.31).

Librándote de tu pueblo, y de los gentiles, a quienes ahora te envío, para que abras sus ojos, para que se conviertan de las tinieblas a la luz, y de la potestad de Satanás a Dios; para que reciban, por la fe que es en mí, perdón de pecados y herencia entre los santificados (Hechos 26.17–18).

¿O menosprecias las riquezas de su benignidad, paciencia y longanimidad, ignorando que su benignidad te guía al arrepentimiento? (Romanos 2.4)

Dios nuestro Salvador... quiere que todos los hombres sean salvos y vengan al conocimiento de la verdad (1 Timoteo 2.3–4).

El Señor no retarda su promesa, según algunos la tienen por tardanza, sino que es paciente para con nosotros, no queriendo que ninguno perezca, sino que todos procedan al arrepentimiento (2 Pedro 3.9).

Una declaración de fe dirigida al enemigo

*Diablo, la Palabra de Dios dice que tú has llevado cautivo a mi hijo a tu voluntad.
En el nombre de Jesucristo, el Señor a quien pertenezco, ato tu poder y te digo que
sueltes la voluntad de [nombre de su hijo], para que sea libre para escoger a Jesús
y el plan de Dios para su vida. La sangre de Jesús fue derramado por él/ella.
Mi hijo/a volverá en sí y escapará de tu lazo. Sus ojos le serán abiertos y se convertirá
de las tinieblas a la luz, y será trasladado/a del reino de Satanás al reino de Dios.
[Nombre] recibirá perdón de pecados y herencia entre los santificados en el Señor Jesús.
Creo en el Señor Jesús. y yo y mi casa seremos salvos.*

Oración por nuestros hijos

*Gracias, Señor porque peleas contra aquellos que pelan contra mí, y porque salvarás a
mis hijos. Reclamo tu promesa de que traerás de la tierra del enemigo a los que se han
descarriado. Me regocijo por saber que los cubres con tu protección y que cumplirás tus
promesas para ellos. Gracias, Señor, por el regalo de estos hijos preciosos. Amén.*

Una declaración de fe dirigida al enemigo

Oración por nuestros hijos

ESTANDO FIRMES CONTRA LA INFERTILIDAD Y EL ABORTO

«Fructificad y multiplicaos» fue el mandato de Dios dado a Adán y Eva. Cuando una pareja se une en carne y espíritu a través del matrimonio, Dios usualmente tiene en sus planes que produzcan hijos piadosos (vea Génesis 1.28, Malaquías 2.15).

Los hombres y mujeres casados generalmente experimentan un deseo dado por Dios de tener hijos, pero algunas veces la concepción no sucede con la facilidad que habían esperado. En la actualidad, la infertilidad afecta aproximadamente a 15 por ciento de las parejas y puede deberse a que el varón o la mujer, o ambos, tiene algo que afecta la reproducción. Los médicos pueden ayudar, pero Dios, el Autor de la vida, está pronto a escuchar nuestro clamor de necesidad.

Tal vez ninguna otra mujer clamó tanto por tener un hijo como Ana. Dios finalmente permitió que ella y su marido tuvieran muchos hijos después de que ella entregó a su primogénito, Samuel, al Señor. Samuel llegó a ser un gran profeta de Dios. En los ejemplos que la Biblia presenta de la intervención de Dios a favor de parejas sin hijos, podemos hacer tres observaciones:

1. Dios dio un hijo a la pareja como promesa.

2. Dios respondió a las oraciones de la esposa o del esposo.

3. Dios dio hijos a la pareja porque era su intención que tuvieran una familia.

Hoy Dios continúa haciendo milagros para dar hijos a parejas que luchan con la infertilidad.

Orar específicamente que Dios le ayude a concebir un hijo reconoce al Creador como la fuente de la vida, y como Aquel que merece la alabanza y el honor cuando el nacimiento ocurre. Satanás, por otro lado, hace todo lo posible por frustrar la concepción, eliminando así la posibilidad de tener hijos piadosos. Satanás frecuentemente pervierte el sexo, siembra incredulidad y temor, y trastorna las comunicaciones entre los esposos para producir divisiones y conflictos.

Las dificultades para concebir algunas veces pueden tener una naturaleza espiritual. Todos recibimos la advertencia de no traer dioses falsos ni objetos de ocultismo a nuestros hogares, ya que esto podría ponernos bajo maldición (vea Deuteronomio 27–28, y otras enseñanzas en cuanto al ocultismo en el capítulo 20 de este libro). Como pareja, pidan al Espíritu Santo que les revele si este es un asunto que es necesario enfrentar. En caso afirmativo, destruyan todos los objetos de ese tipo, arrepiéntanse de las acciones prohibidas y renuncien a toda maldición o vínculos con actividades de ocultismo. Luego acepten el perdón de Dios y agradézcanles que «Cristo nos redimió de la maldición de la ley, hecho por nosotros maldición» (Gálatas 3.13).

He aquí una declaración sugerida: «Padre Dios, renunciamos a todos los vínculos y asociaciones con prácticas ocultas y con las obras de las tinieblas, y declaramos que éstas no tienen poder alguno sobre nosotros. Nos sometemos al señorío de Jesucristo y aplicamos la sangre de Jesucristo a nuestras vidas, nuestra relación matrimonial y nuestro hogar».

No permita que el enemigo, ni directamente ni a través de otras personas, le haga sentir culpa o condenación si no ha podido tener hijos. Dios puede utilizar sus talentos y amor por los pequeños en muchas maneras creativas. Cuando una pareja casada añora tener un hijo, reciben mucho aliento al leer la Palabra de Dios mientras se mantienen firmes en fe pidiendo tener un bebé.

Escrituras para ser fructíferos

Visitó Jehová a Sara, como había dicho, e hizo Jehová con Sara como había hablado. Y Sara concibió y dio a Abraham un hijo en su vejez, en el tiempo que Dios le había dicho (Génesis 21.1–2).

Y oró Isaac a Jehová por su mujer, que era estéril; y lo aceptó Jehová, y concibió Rebeca su mujer (Génesis 25.21).

Mas a Jehová vuestro Dios serviréis, y él bendecirá tu pan y tus aguas; y yo quitaré toda enfermedad de en medio de ti. No habrá mujer que aborte, ni estéril en tu tierra; y yo completaré el número de tus días (Éxodo 23.25–26).

Booz, pues, tomó a Rut, y ella fue su mujer.... y Jehová le dio que concibiese y diese a luz un hijo. Y las mujeres decían a Noemí: Loado sea Jehová, que hizo que no te faltase hoy pariente, cuyo nombre será celebrado en Israel; el cual será restaurador de tu alma, y sustentará tu vejez; pues tu nuera, que te ama, lo ha dado a luz; y ella es de más valor para ti que siete hijos (Rut 4.13–15).

Ella con amargura de alma oró a Jehová, y lloró abundantemente. E hizo voto, diciendo: Jehová de los ejércitos, si te dignares mirar a la aflicción de tu sierva, y te acordares de mí, y no te olvidares de tu sierva, sino que dieres a tu sierva un hijo varón, yo lo dedicaré a Jehová todos los días de su vida, y no pasará navaja sobre su cabeza... Por este niño oraba, y Jehová me dio lo que le pedí. Yo, pues, lo dedico también a Jehová; todos los días que viva, será de Jehová. Y adoró allí a Jehová (1 Samuel 1.10–11, 27–28).

El hace habitar en familia a la estéril, que se goza en ser madre de hijos. Aleluya (Salmo 113.9).

Bienaventurado todo aquel que teme a Jehová, que anda en sus caminos... Tu mujer será como vid que lleva fruto a los lados de tu casa; tus hijos como plantas de olivo alrededor de tu mesa (Salmo 128.1–3).

He aquí que yo soy Jehová, Dios de toda carne; ¿habrá algo que sea difícil para mí? (Jeremías 32.27)

Y se le apareció un ángel del Señor... y... le dijo: Zacarías, no temas; porque tu oración ha sido oída, y tu mujer Elisabet te dará a luz un hijo, y llamarás su nombre Juan. Y tendrás gozo y alegría, y muchos se regocijarán de su nacimiento; porque será grande delante de Dios... Después de aquellos días concibió su mujer Elisabet, y se recluyó en casa por cinco meses, diciendo: Así ha hecho conmigo el Señor en los días en que se dignó quitar mi afrenta entre los hombres (Lucas 1.11–15, 24–25).

Y a Aquel que es poderoso para hacer todas las cosas mucho más abundantemente de lo que pedimos o entendemos, según el poder que actúa en nosotros, a él sea gloria en la iglesia en Cristo

Jesús por todas las edades, por los siglos de los siglos. Amén (Efesios 3.20–21).

Oración pidiendo un hijo

Padre Dios, Creador de la vida, venimos a ti con nuestro gran deseo de tener hijos. Sabemos por tu Palabra que tienes un amor especial por los niños y que Jesús dedicó tiempo a bendecir a los pequeños que vinieron a Él. Señor, te pedimos que respondas al clamor de nuestros corazones por un hijo, sea por nacimiento o por adopción. Sometemos nuestras voluntades a ti y confiamos en tu gran plan y propósito para nuestras vidas. Padre, que tu paz y tu presencia nos sostengan mientras esperamos en ti, en el nombre de Jesús, amén.

Un espíritu de asesinato

Debido a que la vida es preciosa para Dios, quien creó la vida, él se entristece por el aborto, o asesinato en el vientre. Jesús mismo nos dijo que el diablo ha sido asesino desde un principio (vea Juan 8.44). La página Web del Consejo de Investigación sobre la Familia (Family Research Council) tiene la declaración dada a continuación:

> Pocas cosas afectan la santidad de la vida humana más que la práctica del aborto. Un embarazo no debe simplemente «terminarse», como si fuera algo impersonal y problemático, y esto no puede hacerse sin que haya consecuencias físicas y emocionales. Un hijo en el vientre es un ser especial, en desarrollo y completamente humano, y cada vez que una madre decide o un padre ejerce presión por acabar esa vida, es una tragedia profunda. El aborto hace daño a la madre también, y priva a la sociedad de los dones de los no nacidos.[1]

Considere estos hechos: Los seres humanos se desarrollan a un ritmo asombrosamente veloz. El sistema cardiovascular es el primero de los sistemas principales en empezar a funcionar. La sangre circula y el corazón empieza a palpitar aproximadamente veintiún o veintidós días (tres semanas) después de la concepción, y puede detectarse con una ecografía.[2] Para el final de la octava semana, el niño no nacido ha desarrollado todos sus órganos y sistemas biológicos.[3]

Aparte de privar de vida al niño, el aborto causa problemas serios para la mujer que toma esta decisión. A continuación presentamos algunas estadísticas sobre mujeres que se han hecho un aborto que refuerzan esta verdad:

- 44 por ciento indican tener desórdenes nerviosos.
- 36 por ciento indican sufrir de perturbaciones del sueño.
- 31 por ciento expresan remordimientos por esa decisión.
- 28 por ciento intentaron el suicidio.
- 25 por ciento buscaron consejería psiquiátrica, en contraste con 3 por ciento en el grupo de control.
- 19 por ciento sufrieron de trastornos por estrés postraumático.
- 11 por ciento tuvieron que recibir drogas psicotrópicas por receta médica.[4]

Aunque el aborto es legal en nuestra nación, el hecho permanece que una mujer que elige un aborto voluntariamente está privando a un bebé de nacer, lo cual equivale a un asesinato. Dios tiene una norma más elevada, la cual debe sobrepasar las decisiones de todo individuo. «No sea hallado en ti quien haga pasar a su hijo o a su hija por el fuego» (Deuteronomio 18.10). Pero debido a que Dios es misericordioso, su perdón y sanidad están disponibles para todo aquel que los busque, incluyendo a los que han elegido tener un aborto.

Muchas mujeres de las que han experimentado sanidad después de un aborto, y han sido restauradas, han tenido hijos después, y son defensoras poderosas de la vida.

Si usted ha juzgado duramente a una persona por haber tenido un aborto, intente comprender el dolor que esa persona sentirá cuando se percate de la trascendencia de su decisión. Una mujer que se halla en esta situación necesita nuestra compasión, comprensión y oraciones, en lugar de nuestro rechazo. Es importante ofrecerle perdón y apoyo moral, y a la vez animarla a que se perdone a sí misma y a otros que pudieran haberla presionado a buscar un aborto.

Escrituras sobre el perdón

Ten piedad de mí, oh Dios, conforme a tu misericordia; conforme a la multitud de tus piedades borra mis rebeliones. Lávame más y más de mi maldad, y límpiame de mi pecado. Porque yo reconozco mis rebeliones, y mi pecado está siempre delante de mí. Contra ti, contra ti solo he pecado, y he hecho lo malo delante de tus ojos... Purifícame con hisopo, y seré limpio; lávame, y seré más blanco que la nieve. Hazme oír gozo y alegría, y se recrearán los huesos que has abatido. Esconde tu rostro de mis pecados, y borra todas mis maldades (Salmo 51.1–4, 7–9).

Bendice, alma mía, a Jehová, y no olvides ninguno de sus beneficios. Él es quien perdona todas tus iniquidades, el que sana todas tus dolencias; el que rescata del hoyo tu vida, el que te corona de favores y misericordias; el que sacia de bien tu boca de modo que te rejuvenezcas como el águila... Cuanto está lejos el oriente del occidente, hizo alejar de nosotros nuestras rebeliones (Salmo 103.2–5, 12).

Yo deshice como una nube tus rebeliones, y como niebla tus pecados; vuélvete a mí, porque yo te redimí (Isaías 44.22).

Si confesamos nuestros pecados, él es fiel y justo para perdonar nuestros pecados, y limpiarnos de toda maldad [Y está perfectamente bien que Dios haga esto porque Cristo murió para limpiarnos de todo pecado] (1 Juan 1.9).

Oración en cuanto al aborto

*Señor, vengo delante de ti para confesar que pequé al destruir
una vida por medio del aborto, y a pedir tu misericordia.
Padre, perdóname por mi acción egoísta. Tráeme a una relación
recta contigo, y sana mis recuerdos dolorosos y mis remordimientos
por haber tomado esa decisión. Gracias porque has prometido
que si confesamos nuestros pecados, eres fiel y justo para perdonarnos y purificarnos.
Señor, recibo tu perdón y limpieza, y te pido que me fortalezcas para andar en tus
caminos por el resto de mi vida, amén.*

SOLTERO Y EN VICTORIA

Dios anhela darnos una vida en plenitud, pero Satanás desea justo lo contrario. Algunos solteros creen que la única manera de estar completos y serles útiles al Señor será cuando hallen esposo o esposa. ¡De ninguna manera! No acepte esa mentira del enemigo. Los adultos solteros, ya sea por viudez, divorcio o nunca haberse casado, son personas completas en sí mismas que Dios puede usar de muchas maneras para edificar su reino.

Ser soltero no es obstáculo para vivir una vida de victoria en el Señor, ni tampoco es un problema que requiere solución. Algunas de las tácticas que Satanás emplea contra individuos solteros piadosos incluyen las siguientes:

- Acosarles con un descontento crónico hasta que sean incapaces de servir a Dios con gozo mientras continúen solteros.

- Atacar su castidad por medio de atraerles hacia alianzas impías y no saludables.

- Tratar de impedir que mantengan una relación pura y cercana con el Señor.

- Convencerles de creer la mentira de que sin el matrimonio seguirán estando incompletos e insatisfechos.

El apóstol Pablo tiene la siguiente palabra para los solteros con relación a su oportunidad de servir al Señor:

Quisiera, pues, que estuvieseis sin congoja. El soltero tiene cuidado de las cosas del Señor, de cómo agradar al Señor; pero el casado tiene cuidado de las cosas del mundo, de cómo agradar a su mujer. Hay asimismo diferencia entre la casada y la doncella. La doncella tiene cuidado de las cosas del Señor, para ser santa así en cuerpo como en espíritu; pero la casada tiene cuidado de las cosas del mundo, de cómo agradar a su marido. Esto lo digo para vuestro provecho; no para tenderos lazo, sino para lo honesto y decente, y para que sin impedimento os acerquéis al Señor (1 Corintios 7.32–35).

Pablo no dice que el matrimonio es malo. En lugar de ello, aconseja a la persona soltera que entregue su «devoción completa» al Señor, queriendo decir con ello un compromiso y concentración totales en asuntos espirituales. Agradar al Señor en todas las cosas—preocuparse menos por los asuntos de este mundo—es tanto un desafío como una oportunidad para el cristiano soltero. Michael Cavanaugh, fundador de la organización Mobilized to Serve (Movilizados para servir), un ministerio internacional dirigido a adultos solteros, escribió en *El llamado de Dios al adulto soltero*:

El estado de soltero es un don de Dios para el servicio. Como en ningún otro momento de su vida, su época de soltero le libera para servir a Dios con todo el corazón y sin distracciones. Sin el peso de las obligaciones y las responsabilidades que vienen con la vida de casado, usted puede decirle «sí» a Dios de manera dinámica. Es libre de lanzarse con abandono a las cosas de Dios, conocerlo como nunca antes, amarlo de modo íntimo, y servirlo con todo su corazón, alma, mente y fuerzas, al cien por ciento.[1]

Hablando a los estudiantes de Christ for the Nations Institute (Instituto Cristo para las naciones), Michael Cavanaugh compartió algunas de las verdades que mencionamos a continuación:

1. En Cristo está completo (vea Colosenses 2.10). Jesús vino a darle una vida plena ahora mismo. Ningún ser humano puede hacerle sentir valioso, o darle valor sino Jesús. Para prepararse para el matrimonio, ¡conviértase en la persona soltera más poderosa que pueda para Jesús!

2. Reconozca que el matrimonio no es la voluntad primordial de Dios para su vida; es ser conformado a la imagen de su Hijo, Jesús (vea Romanos 8.29).

3. Su estado de soltero actual es resultado de sus decisiones. Usted podría haberse casado con alguien sin normas, pero ha elegido una norma: seguir a Jesús.

4. La soltería es un don de Dios para el servicio, ya sea un estado temporal o permanente. Es un don de gracia andar en victoria en esta etapa de su vida, mientras Dios edifica carácter en usted.[2]

Jesús, hablando acerca del matrimonio con sus discípulos, les recordó que en el principio el Creador hizo al hombre y a la mujer con la intención de que formaran una familia monógama (vea Mateo 19.5–6), pero luego añadió: «Y hay eunucos que a sí mismos se hicieron eunucos por causa del reino de los cielos» (Mateo 19.12). En otras palabras, hay algunos hombres y mujeres que permanecerán solteros de por vida. Quizás un compromiso de esta magnitud les permitirá desempeñar un servicio particular para el Señor con mayor libertad. Esté atento al Señor y a la manera en la cual quiere guiar su vida.

Dios puede dirigirle a renunciar a ciertas relaciones porque él sabe que al final no le serán beneficiosas y que, de hecho, podrían resultarle dañinas. El Espíritu Santo da consuelo, fuerza y sabiduría a los que obedecen su llamado. Puede confiar su futuro plenamente a Aquel que tiene sus mejores intereses en mente.

Si usted percibe que Dios desea que se case, sigue siendo importante darle su devoción plena al Señor durante el período de espera. Vaya donde él quiere que vaya. Haga lo que él quiere que haga. Viva la vida en plenitud, sin pensar que el matrimonio es la respuesta a todos sus problemas.

Esperar en Dios—Resistir al enemigo

Suponga que Dios siembre en su corazón el deseo de casarse. ¿Cómo se combate la tentación o los pensamientos impuros mientras está soltero? La respuesta suena sencilla, pero requiere de disciplina: Cada vez que el enemigo intente hacerle sentir lástima por sí mismo o que le urja a buscar relaciones sexuales fuera del matrimonio, tome autoridad sobre el enemigo por medio de repetir en voz alta la Palabra de Dios.

Quizás sienta que está en una etapa de espera antes de la llegada de su cónyuge. ¿Qué puede hacer? Ore. Espere el tiempo de Dios y esté contento en Él. No se deje llevar por el pánico. El compromiso total significa confiar en el plan y el tiempo de Dios para su vida. Sea usted soltero o casado, cumplir el propósito de Dios para su vida tiene importancia suprema.

Puesto que Dios fue el iniciador de la vida familiar, su archienemigo, Satanás, se esfuerza por trastornar los matrimonios piadosos y sabotear las relaciones entre individuos piadosos. Algunos pastores creen que

Satanás no sólo quiere matar a bebés por medio del aborto, sino que también busca impedir que hombres y mujeres piadosos se conozcan, se casen y tengan hijos piadosos.

El doctor Archibald Hart, un psicólogo cristiano, habla acerca de hombres cuyos padres se divorciaron y que ahora frecuentemente titubean en cuanto al matrimonio. No obstante, sus observaciones fácilmente pueden aplicarse a otros individuos no dispuestos a hacer compromisos:

> «No hagas compromisos» es un refrán de vida para muchos varones adultos, hijos de un divorcio. Esto significa que se busca evitar los compromisos de naturaleza personal, de modo que muchos de estos hombres hacen esfuerzos heroicos por evitar quedar «atados». Este esfuerzo puede afectar muchos aspectos de la vida, tales como alquilar casa en lugar de comprar, o cambiar de un empleo a otro. Pero el resultado más común de semejante modo de vivir es evitar comprometerse en una relación. Estos hombres típicamente posponen el matrimonio lo más posible, o lo evitan por completo. La decisión de vivir juntos sin casarse frecuentemente es una consecuencia de esta forma de pensar. Los divorcios rápidos también lo son. El considerar el matrimonio como algo desechable genera una actitud incorrecta hacia los compromisos... Si uno nunca hace un compromiso con nadie, nunca será lastimado.[3]

Escrituras

Alma mía, en Dios solamente reposa, porque de él es mi esperanza (Salmo 62.5).

Jehová cumplirá su propósito en mí; tu misericordia, oh Jehová, es para siempre; no desampares la obra de tus manos (Salmo 138.8).

Fíate de Jehová de todo tu corazón, y no te apoyes en tu propia prudencia. Reconócelo en todos tus caminos, y él enderezará tus veredas (Proverbios 3.5–6).

Encomienda a Jehová tus obras, y tus pensamientos serán afirmados (Proverbios 16.3).

Muchos pensamientos hay en el corazón del hombre; mas el consejo de Jehová permanecerá (Proverbios 19.21).

Canta, oh hija de Sion; da voces de júbilo, oh Israel; gózate y regocíjate de todo corazón, hija de Jerusalén... Jehová está en medio de ti, poderoso, él salvará; se gozará sobre ti con alegría, callará de amor, se regocijará sobre ti con cánticos (Sofonías 3.14, 17).

Pero el que se une al Señor, un espíritu es con él. Huid de la fornicación. Cualquier otro pecado que el hombre cometa, está fuera del cuerpo; mas el que fornica, contra su propio cuerpo peca. ¿O ignoráis que vuestro cuerpo es templo del Espíritu Santo, el cual está en vosotros, el cual tenéis de Dios, y que no sois vuestros? Porque habéis sido comprados por precio; glorificad, pues, a Dios en vuestro cuerpo y en vuestro espíritu, los cuales son de Dios (1 Corintios 6.17–20).

Siempre en todas mis oraciones rogando con gozo por todos vosotros... estando persuadido de esto, que el que comenzó en vosotros la buena obra, la perfeccionará hasta el día de Jesucristo (Filipenses 1.4–6).

Sé vivir humildemente, y sé tener abundancia; en todo y por todo estoy enseñado, así para estar saciado como para tener hambre, así para tener abundancia como para padecer necesidad. Todo lo puedo en Cristo que me fortalece (Filipenses 4.12–13).

Pero gran ganancia es la piedad acompañada de contentamiento (1 Timoteo 6.6).

Huye también de las pasiones juveniles, y sigue la justicia, la fe, el amor y la paz, con los que de corazón limpio invocan al Señor (2 Timoteo 2.22).

Oración

Señor, te doy gracias que estoy completo en ti y que me estás conformando a tu imagen. Pido en oración que tu misericordia y tu gracia me permitan guardarme puro y estar contento donde me has puesto. Mi deseo es agradarte más que a nadie; ayúdame a hacerlo, Señor. Si hay alguna relación en mi vida que debo cortar, muéstramelo con claridad y dame fuerzas para obedecerte. Ayúdame a andar en victoria, a fin de que mi vida exhiba el fruto del Espíritu Santo mientras confío que dirigirás mi futuro. Amén.

PROVISIÓN MATERIAL

Despidos... bancarrotas... negocios que se tienen que vender... cierre de fábricas... escasez de casas económicas... aumentos en tasas de intereses hipotecarios... alzas en el costo de vida. Las presiones económicas pueden provocar conflictos conyugales, separaciones en las familias, adicciones, ira y aun estallidos sociales. ¿Son inmunes los cristianos a estas realidades que afectan a nuestra sociedad? Por supuesto que no.

Las dificultades financieras fácilmente pueden crear temor en el corazón de cualquiera que pierda de vista las promesas de que Dios proveerá para nosotros. Los creyentes que normalmente son autosuficientes pueden de repente sentirse como un barco a la deriva, cabeceando en un mar embravecido de incertidumbre, temiendo naufragar en las rocas de la desesperación.

¿Hemos de culpar al diablo por semejante crisis? ¿Es nuestra propia culpa? ¿Dónde está Dios en todo esto? Nuestra cultura fomenta la noción de que la respuesta es hallar al culpable de nuestros problemas y echarle la culpa—aun presentar una demanda legal. El «juego de echarle la culpa a alguien» empezó con Adán, quien culpó a Eva por haberle ofrecido el fruto prohibido. Ella a su vez culpó a la serpiente por engañarla (vea Génesis 3.11–13).

Desde ese entonces nos hemos estado culpando unos a otros o al gobierno o al diablo por las dificultades que sufrimos. Jesús identificó al más culpable de todos cuando dijo: «El ladrón [Satanás] no viene sino para hurtar y matar y destruir; yo he venido para que tengan vida, y para que la tengan en abundancia» (Juan 10.10).

Aunque nuestras propias malas decisiones pueden contribuir al problema, las estrategias del diablo asechan tras las calamidades que nos roban la seguridad financiera. Él es la fuente de todo mal. Cuando las épocas duras afectan a nuestro hogar, él aprovecha cada problema como una oportunidad para calumniar a Dios y su fidelidad, para matar nuestras esperanzas y destruir nuestra fe. En medio de la aflicción, Satanás desea que culpemos a Dios en lugar de clamar a Él y reconocerlo como nuestra fuente de ayuda.

Tenemos una decisión que tomar: o cedemos a la tentación de culpar a Dios y a los demás, o nos hacemos responsables por nuestras propias acciones y actitudes, buscando perdón para las que están equivocadas y confiando en Dios en las esferas sobre las cuales no tenemos control alguno. Podemos elegir estar de acuerdo con la declaración de Jesús: «Yo he venido para que tengan vida, y para que la tengan en abundancia».

La palabra que aquí se traduce «vida» significa «vida en todas sus manifestaciones... vida en las actividades... vida resucitada y vida eterna».[1] En otras palabras, el propósito de Jesús cuando vino a la tierra fue proveer un camino para que pudiéramos vivir una vida significativa en todos los niveles y en todas las dimensiones: espiritual, física y emocional.

Por qué padecemos necesidad

Dios creó a Adán y Eva, los colocó en el huerto y proveyó todo lo necesario para ellos. ¡No tenían que preocuparse de nada! Pero cuando nuestros ancestros eligieron desobedecer el mandamiento que Dios les había dado, trajeron una maldición sobre sí mismos y sobre toda la raza humana. «Con el sudor de tu rostro comerás el pan», declaró Dios (vea Génesis 3.19). Cuando Dios los echó del huerto para que se valieran por sí mismos, la ansiedad por el futuro se convirtió en nuestro legado.

Sin embargo, debido a su gran misericordia, Dios hizo un pacto con promesas para su pueblo. En los primeros catorce versículos de Deuteronomio 28, el detalla las bendiciones que serían dadas a los que obedecieran sus mandamientos diligentemente. Esta es su promesa en cuanto a la provisión. «Y te hará Jehová sobreabundar en bienes... Te abrirá Jehová su buen tesoro, el cielo, para enviar la lluvia a tu tierra en su tiempo, y para bendecir toda obra de tus manos» (Deuteronomio 28.11a, 12a). Las claves para disfrutar de la provisión divina son:

1. Obedecer su Palabra, particularmente en lo que a diezmar de nuestros ingresos se refiere.

2. Mantener nuestros ojos y corazón enfocados en él y no tan sólo en sus bendiciones.

3. Resistir el énfasis que pone el enemigo en lo negativas que se ven las circunstancias.

4. Preocuparnos por las necesidades de otros y tenderles la mano.

Jesús enseñó este principio fundamental a sus discípulos:

Por tanto os digo: No os afanéis por vuestra vida, qué habéis de comer o qué habéis de beber; ni por vuestro cuerpo, qué habéis de vestir. ¿No es la vida más que el alimento, y el cuerpo más que el vestido?... Porque los gentiles buscan todas estas cosas; pero vuestro Padre celestial sabe que tenéis necesidad de todas estas cosas. Mas buscad primeramente el reino de Dios y su justicia, y todas estas cosas os serán añadidas (Mateo 6.25, 32–33).

Los creyentes que cumplen el principio del diezmo sienten que también es una clave vital para recibir la bendición de provisión divina. Las Escrituras dicen:

¿Robará el hombre a Dios? Pues vosotros me habéis robado. Y dijisteis: ¿En qué te hemos robado? En vuestros diezmos y ofrendas. Malditos sois con maldición, porque vosotros, la nación toda, me habéis robado. Traed todos los diezmos al alfolí y haya alimento en mi casa; y probadme ahora en esto, dice Jehová de los ejércitos, si no os abriré las ventanas de los cielos, y derramaré sobre vosotros bendición hasta que sobreabunde (Malaquías 3.8–11).

El doctor Harold Lindsell dice de este pasaje:

Malaquías insiste que no diezmar es robarle a Dios lo que justamente le pertenece, y como resultado de ello se detiene la bendición divina de aquellos que se niegan a darle a Dios lo que corresponde. El diezmo no se manda como requisito legal en el Nuevo Testamento, pero el cristiano bajo la gracia difícilmente puede hacer menos que el judío bajo la ley. El diezmo es una señal externa de un compromiso interno de que todo lo que poseemos le pertenece a Dios, quien merece recibir algo a cambio de la inversión divina que ha hecho en el individuo.[2]

Los creyentes que cumplen el requisito de la obediencia pueden reclamar las promesas divinas de bendición y provisión hoy. Pero la obediencia también incluye mostrar preocupación y generosidad hacia otros. Dios castigó la desobediencia de Ananías y Safira con la muerte, según se registra en Hechos 5.1–11. Contrasta el juicio rápido que Dios da a la avaricia y el egoísmo con el mensaje de Pablo: «Pues aun a Tesalónica me enviasteis una y otra vez para mis necesidades... Mi Dios, pues, suplirá todo lo que os falta conforme a sus riquezas en gloria en Cristo Jesús» (Filipenses 4.16, 19).

Si es fiel en los diezmos y ofrendas, podrá «reprender al devorador» (Malaquías 3.11) por medio de recordarle la abundante promesa divina de provisión que tenemos en las Escrituras.

Escrituras

Si anduviereis en mis decretos y guardareis mis mandamientos, y los pusiereis por obra, yo daré vuestra lluvia en su tiempo, y la tierra rendirá sus productos, y el árbol del campo dará su fruto. Vuestra trilla alcanzará a la vendimia, y la vendimia alcanzará a la sementera, y comeréis vuestro pan hasta saciaros, y habitaréis seguros en vuestra tierra... Comeréis lo añejo de mucho tiempo, y pondréis fuera lo añejo para guardar lo nuevo (Levítico 26.3–5, 10).

Y el diezmo de la tierra, así de la simiente de la tierra como del fruto de los árboles, de Jehová es; es cosa dedicada a Jehová (Levítico 27.30).

Y comerás y te saciarás, y bendecirás a Jehová tu Dios por la buena tierra que te habrá dado. Cuídate de no olvidarte de Jehová tu Dios, para cumplir sus mandamientos, sus decretos y sus estatutos... Porque él te da el poder para hacer las riquezas, a fin de confirmar su pacto que juró a tus padres, como en este día (Deuteronomio 8.10–11, 18).

Jehová es mi pastor; nada me faltará. En lugares de delicados pastos me hará descansar; junto a aguas de reposo me pastoreará. Confortará mi alma; me guiará por sendas de justicia por amor de su nombre. Aunque ande en valle de sombra de muerte, no temeré mal alguno, porque tú estarás conmigo; tu vara y tu cayado me infundirán aliento. Aderezas mesa delante de mí en presencia de mis angustiadores; unges mi cabeza con aceite; mi copa está rebosando. Ciertamente el bien y la misericordia me seguirán todos los días de mi vida, y en la casa de Jehová moraré por largos días (Salmo 23).

Grandes son las obras de Jehová, buscadas de todos los que las quieren... Ha dado alimento a los que le temen; para siempre se acordará de su pacto (Salmo 111.2, 5).

Honra a Jehová con tus bienes, y con las primicias de todos tus frutos; y serán llenos tus graneros con abundancia, y tus lagares rebosarán de mosto (Proverbios 3.9–10).

Y si dieres tu pan al hambriento, y saciares al alma afligida, en las tinieblas nacerá tu luz, y tu oscuridad será como el mediodía. Jehová te pastoreará siempre, y en las sequías saciará tu alma, y dará vigor a tus huesos; y serás como huerto de riego, y como manantial de aguas, cuyas aguas nunca faltan (Isaías 58.10–11).

Dad, y se os dará; medida buena, apretada, remecida y rebosando darán en vuestro regazo; porque con la misma medida con que medís, os volverán a medir (Lucas 6.38).

El que no escatimó ni a su propio Hijo, sino que lo entregó por todos nosotros, ¿cómo no nos dará también con él todas las cosas? (Romanos 8.32)

Porque ya conocéis la gracia de nuestro Señor Jesucristo, que por amor a vosotros se hizo pobre, siendo rico, para que vosotros con su pobreza fueseis enriquecidos (2 Corintios 8.9).

Pero esto digo: El que siembra escasamente, también segará escasamente; y el que siembra generosamente, generosamente también segará. Cada uno dé como propuso en su corazón: no con tristeza, ni por necesidad, porque Dios ama al dador alegre. Y poderoso es Dios para hacer que abunde en vosotros toda gracia, a fin de que, teniendo siempre en todas las cosas todo lo suficiente, abundéis para toda buena obra (2 Corintios 9.6–8).

Y el que da semilla al que siembra, y pan al que come, proveerá y multiplicará vuestra sementera, y aumentará los frutos de vuestra justicia, para que estéis enriquecidos en todo para toda liberalidad, la cual produce por medio de nosotros acción de gracias a Dios (2 Corintios 9.10–11).

A los ricos de este siglo manda que no sean altivos, ni pongan la esperanza en las riquezas, las cuales son inciertas, sino en el Dios vivo, que nos da todas las cosas en abundancia para que las disfrutemos. Que hagan bien, que sean ricos en buenas obras, dadivosos, generosos; atesorando para sí buen fundamento para lo por venir, que echen mano de la vida eterna (1 Timoteo 6.17–19).

Echando toda vuestra ansiedad sobre él, porque él tiene cuidado de vosotros (1 Pedro 5.7).

Oración

Gracias, Padre por que si soy fiel en el diezmo en obediencia a tu
Palabra puedo reclamar tus promesas de proveer para mis necesidades.
Te reconozco como la fuente de todo lo que necesito para mi espíritu, alma y cuerpo.
Señor, ayúdame a ser generoso y satisfacer las necesidades de otros,
mientras confío que tú harás los mismo con las mías.
Escojo echar todas mis ansiedades y afanes sobre ti,
sabiendo que tú tienes cuidado de mí, tu hijo/a.
Te alabo por tu fidelidad,
en el nombre de Jesús, amén.

PROTECCIÓN Y SEGURIDAD

«Dios es nuestro amparo y fortaleza, nuestro pronto auxilio en las tribulaciones» (Salmo 46.1). Cuando el desastre, o aun el temor de las tribulaciones se cierne imponente sobre el horizonte, necesitamos la confirmación de la protección divina. En la Palabra de Dios hallamos muchos recordatorios de su promesa de protección que nos dan una sensación de seguridad.

Un enfoque útil consiste en hallar en las Escrituras la historia de alguien que enfrenta un dilema comparable al que está enfrentando usted, y descubrir cómo se resolvió el asunto con la ayuda de Dios. Pida al Espíritu Santo que lo guíe en su estudio. En el proceso, frecuentemente hallará versículos que podrá utilizar como armas en su guerra espiritual, al igual que para mantenerlo animado. El Salmo 91, por ejemplo, ofrece una afirmación dramática de que el Señor protege y rescata a sus hijos:

El que habita al abrigo del Altísimo morará bajo la sombra del Omnipotente. Diré yo a Jehová: esperanza mía, y castillo mío; mi Dios, en quien confiaré.

El te librará del lazo del cazador, de la peste destructora. Con sus plumas te cubrirá, y debajo de sus alas estarás seguro; escudo y adarga es su verdad. No temerás el terror nocturno, ni saeta que vuele de día, ni pestilencia que ande en oscuridad, ni mortandad que en medio del día destruya. Caerán a tu lado mil, y diez mil a tu diestra; mas a ti no llegará. Ciertamente con tus ojos mirarás y verás la recompensa de los impíos.

Porque has puesto a Jehová, que es mi esperanza, al Altísimo por tu habitación, no te sobrevendrá mal, ni plaga tocará tu morada. Pues a sus ángeles mandará acerca de ti, que te guarden en todos tus caminos. En las manos te llevarán, para que tu pie no tropiece en piedra. Sobre el león y el áspid pisarás; hollarás al cachorro del león y al dragón.

Por cuanto en mí ha puesto su amor, yo también lo libraré; le pondré en alto, por cuanto ha conocido mi nombre. Me invocará, y yo le responderé; con él estaré yo en la angustia; lo libraré y le glorificaré. Lo saciaré de larga vida, y le mostraré mi salvación.

Elimine la profanación

Observe que la promesa del Salmo 91 tiene una condición. Tenemos que habitar al abrigo del Altísimo si deseamos su protección. Una forma de hacer esto es honrarle por medio de dedicar nuestro hogar a él, invitando a que su presencia more en nuestro hogar y cuidando de no permitir que cosas abominables permanezcan allí (vea Deuteronomio 7.25–26). Este mismo principio se aplica a nuestras oficinas, habitaciones de hotel, cabañas de vacaciones, todo lugar donde pasemos tiempo. Thomas White explica:

Los espíritus malignos pueden contaminar lugares con su presencia nefasta. Tal contaminación demoníaca usualmente ocurre cuando seres mortales cometen actos inmorales que abren la puerta a las actividades demoníacas. Por ejemplo, una casa que se emplea para fabricar o vender drogas, un lugar utilizado para prostitución o un edificio empleado por un adivino o grupo espiritista puede invitar a demonios de esclavitud, engaño, violencia, lujuria, perversión sexual o espíritus de adivinación y de lo oculto. Aun cuando los perpetradores han abandonado la escena, los espíritus malignos pueden permanecer, esperando hacer presa de individuos recién llegados y desprevenidos.[1]

Es importante librar su hogar de todo objeto que aun apenas sugiera una participación en el ocultismo o la idolatría. Algunos creyentes que van de viaje al exterior inocentemente traen consigo artefactos tales como fetiches, máscaras, escritos «sagrados» o figuras talladas de dioses falsos, entre otras cosas, las cuales pueden haber sido empleadas en alguna forma para idolatría. Dios da instrucciones claras en cuanto a estos asuntos:

Las esculturas de sus dioses quemarás en el fuego; no codiciarás plata ni oro de ellas para tomarlo para ti, para que no tropieces en ello, pues es abominación a Jehová tu Dios; y no traerás cosa abominable a tu casa... del todo la aborrecerás y la abominarás, porque es anatema (Deuteronomio 7.25–26).

Josías, uno de los reyes de Judá, nos da un ejemplo bíblico de obediencia en este asunto: «Asimismo barrió Josías a los encantadores, adivinos y serafines, y todas las abominaciones que se veían en la tierra de Judá y en Jerusalén, para cumplir las palabras de la ley que estaban escritas en el libro que el sacerdote Hilcías había hallado en la casa de Jehová» (2 Reyes 23.24).

Cuando Pablo evangelizó en Éfeso, los recién convertidos no desperdiciaron tiempo en limpiar sus hogares. «Asimismo muchos de los que habían practicado la magia trajeron los libros y los quemaron delante de todos; y hecha la cuenta de su precio, hallaron que era cincuenta mil piezas de plata» (Hechos 19.19).

Las Escrituras que se mencionan a continuación pueden resultarle útiles para edificar su fe en la protección y seguridad divinas, sin importar lo vulnerable que su situación presente pudiera parecer. Recuerde hablar la Palabra de Dios en voz alta. Nuestra proclamación de la verdad es escuchada por un mundo invisible muy vasto—Dios y sus ángeles, al igual que Satanás y sus huestes demoníacas. Invocamos la protección de Dios para protegernos de los ataques del enemigo. Fortalecemos nuestra fe cuando nos escuchamos a nosotros mismos afirmar la verdad de Dios.

Escrituras sobre la protección y seguridad de Dios

En paz me acostaré, y asimismo dormiré; porque solo tú, Jehová, me haces vivir confiado (Salmo 4.8).

Porque él me esconderá en su tabernáculo en el día del mal; me ocultará en lo reservado de su morada; sobre una roca me pondrá en alto (Salmo 27.5).

Jehová es mi fortaleza y mi escudo; en él confió mi corazón, y fui ayudado, por lo que se gozó mi corazón, y con mi cántico le alabaré (Salmo 28.7).

Jehová es tu guardador; Jehová es tu sombra a tu mano derecha. El sol no te fatigará de día, ni la luna de noche. Jehová te guardará de todo mal; él guardará tu alma. Jehová guardará tu salida y tu entrada desde ahora y para siempre (Salmo 121.5–8).

Guárdame, oh Jehová, de manos del impío; líbrame de hombres injuriosos, que han pensado trastornar mis pasos. Me han escondido lazo y cuerdas los soberbios; han tendido red junto a la senda; me han puesto lazos. He dicho a Jehová: Dios mío eres tú; escucha, oh Jehová, la voz de mis ruegos (Salmo 140.4–6).

Y hasta la vejez yo mismo, y hasta las canas os soportaré yo; yo hice, yo llevaré, yo soportaré y guardaré (Isaías 46.4).

Jehová es bueno, fortaleza en el día de la angustia; y conoce a los que en él confían (Nahum 1.7).

Porque es justo delante de Dios pagar con tribulación a los que os atribulan, y a vosotros que sois atribulados, daros reposo con nosotros, cuando se manifieste el Señor Jesús desde el cielo con los ángeles de su poder (2 Tesalonicenses 1.6–7).

Pero fiel es el Señor, que os afirmará y guardará del mal (2 Tesalonicenses 3.3).

Escrituras acerca de Dios como nuestro escudo

Dios mío, fortaleza mía, en él confiaré; mi escudo, y el fuerte de mi salvación, mi alto refugio; Salvador mío; de violencia me libraste (2 Samuel 22.3).

En cuanto a Dios, perfecto es su camino, y acrisolada la palabra de Jehová. Escudo es a todos los que en él esperan (2 Samuel 22.31).

Porque tú, oh Jehová, bendecirás al justo; como con un escudo lo rodearás de tu favor (Salmo 5.12).

Me diste asimismo el escudo de tu salvación; tu diestra me sustentó, y tu benignidad me ha engrandecido (Salmo 18.35).

Mi escondedero y mi escudo eres tú; en tu palabra he esperado (Salmo 119.114).

Bendito sea Jehová, mi roca, quien adiestra mis manos para la batalla, y mis dedos para la guerra; misericordia mía y mi castillo, fortaleza mía y mi libertador, escudo mío, en quien he confiado; el que sujeta a mi pueblo debajo de mí (Salmo 144.1–2).

Oración

Señor, que siempre habite yo bajo tu abrigo,
porque tú eres mi refugio y mi fortaleza. Tú eres mi Dios.
Confío que me responderás cuando esté en aflicción, y me salvarás.
Gracias porque eres un escudo a mi alrededor.
Cuando sienta temor, declararé que tú estás allí,
velando sobre mí con protección y seguridad.
Te alabo por tu fidelidad, en el nombre de Jesús, amén.

Parte IV

Poniéndose en la Brecha

SANIDAD

La enfermedad, al igual que el pecado y la separación de Dios, es un resultado doloroso de la rebelión del hombre contra Dios. Ese primer pecado en el huerto destruyó la inocencia humana y abrió una compuerta que permitió que ríos de pecado inundaran la raza humana. La enfermedad, el dolor y la muerte también irrumpieron por esa compuerta.

De Adán y Eva heredamos nuestra inclinación hacia el pecado y nuestra vulnerabilidad a las dolencias y enfermedades. Sin embargo, la solución divina fue enviar a su Hijo como el sacrificio perfecto, no sólo para expiar nuestro pecado, sino también para proporcionar sanidad al alma, la mente y el cuerpo. Hablando de Jesús, Isaías profetizó lo siguiente:

> Ciertamente llevó él nuestras enfermedades, y sufrió nuestros dolores; y nosotros le tuvimos por azotado, por herido de Dios y abatido. Mas él herido fue por nuestras rebeliones, molido por nuestros pecados; el castigo de nuestra paz fue sobre él, y por su llaga fuimos nosotros curados (Isaías 53.4–5).

La salud divina es lo mejor que Dios nos ofrece. Sin embargo, hay muchos factores—algunos de los cuales son culpa nuestra porque somos miembros de una raza caída, y otros son obra del enemigo—que frustran el plan de Dios. Su plan por excelencia, no obstante, es conformarnos a la imagen de su Hijo (vea Romanos 8.29).

La sanidad claramente era importante para Jesús. Él no sólo sanó a los enfermos, sino que también comisionó a sus seguidores a hacer lo mismo:

> Entonces llamando a sus doce discípulos, les dio autoridad sobre los espíritus inmundos, para que los echasen fuera, y para sanar toda enfermedad y toda dolencia... A estos doce envió Jesús, y les dio instrucciones, diciendo... Sanad enfermos, limpiad leprosos, resucitad muertos, echad fuera demonios; de gracia recibisteis, dad de gracia (Mateo 10.1, 5, 8).

El poder de Dios para sanar no ha disminuido ni un poco hoy, y él continúa buscando a discípulos que oren por los enfermos. Dios toca cuerpos enfermos con su poder sanador todos los días. Algunas veces nuestra oración y guerra espiritual se unen a la tecnología médica moderna. Otras veces vemos milagros instantáneos. En algunos casos, la oración puede ayudar a acelerar los esfuerzos que hace el cuerpo por sanarse a sí mismo.

Nuestro privilegio de orar

Es nuestro privilegio orar pidiendo sanidad y es prerrogativa de Dios sanar a su manera y en su tiempo. Cooperamos con él por medio de recordarnos a nosotros mismos y recordarle al diablo de la promesa de Dios de sanidad a través de la sangre de Jesucristo. Pero es importante guardarnos de insistir en nuestra propia «fórmula» que prescribe exactamente cómo y cuándo sanará Dios.

Podríamos ver que nuestras oraciones por sanidad prolonguen la vida de un individuo, pero sin ver la sanidad total que esperábamos. Tal resultado no necesariamente significa una derrota. Nos es necesario reconocer que la oración y la guerra espiritual pueden prolongar la vida para darle tiempo al individuo a «ordenar su casa» —tanto en lo espiritual como en lo práctico—, o para darle tiempo para que cumpla una tarea o meta particular en la vida que Dios desea que realice.

Como guerreros espirituales, debemos enfocar nuestra atención en Jesús, a fin de adorarle, amarle y conocerle de modo íntimo, aun en medio del dolor y la aflicción. Pida sabiduría y discernimiento sobre cómo orar por una sanidad en particular, y luego enfrásquese en la oración y guerra espiritual, y confíe en que el Señor intervendrá en formas milagrosas.

El factor importante de la obediencia

Es poco razonable tener el hábito de desobedecer las leyes naturales y espirituales de Dios y luego esperar que él nos mantenga sanos. Reconociendo que nuestro cuerpo es el templo del Espíritu Santo, debemos aplicar buen criterio para no abusar de nuestro cuerpo con sustancias dañinas o alimentos faltos de nutrientes, o en la falta del descanso adecuado. El no cuidar debidamente de nuestros cuerpos aumenta la probabilidad de que suframos enfermedades.

En algunos casos, el no perdonar a alguien puede ser la causa de una enfermedad. Es esencial que perdone a cualquier persona a la cual guarde rencor, o si ha tenido alguna querella, y confesar todo pecado del que tenga conocimiento. Pídale a Dios que le muestre si es necesario tratar con estos asuntos y luego, si hay algún asunto que tratar, arrepiéntase, pídale al Señor que le perdone y reciba y acepte su perdón.

Por supuesto, no debemos suponer que sencillamente porque alguno está enfermo, necesariamente ha cometido pecado, o le falta fe en Dios para recibir sanidad. Debemos orar, y alentar al que está padeciendo que ore también, para recibir entendimiento de la causa de la enfermedad y recibir dirección sobre las acciones que deben seguirse.

Dean Sherman nos recuerda que las enfermedades pueden tener otras razones que ser causadas por el diablo:

> Las enfermedades pueden ser causadas por gérmenes. La mayoría de las veces nos enfermamos, no a causa del diablo ni por pecado en nuestras vidas, ni por juicio de Dios. Nos enfermamos por bacterias, virus o anomalías fisiológicas. Tal es el mundo en el cual vivimos. Podemos enfermarnos debido a una debilidad inherente... Las enfermedades también pueden ser resultado de abusar de nuestros cuerpos. Una dieta no adecuada, la falta de ejercicio o la falta de reposo pueden causar enfermedades.[1]

En nuestro libro, *Lord, I Need Your Healing Power: Securing God's Help in Sickness and Trials* [Señor, necesito tu poder sanador: Obteniendo la ayuda de Dios en las enfermedades y las pruebas], señalamos que muchos de nosotros necesitamos modificar cuándo comemos y lo que ingerimos, recordando que nuestros cuerpos son templo del Espíritu Santo (vea 1 Corintios 6.19). Las tentaciones abundan: comidas rápidas fritas, bebidas cargadas de azúcar, porciones exageradamente grandes, una amplia gama de meriendas que hacen engordar y un estilo de vida sedentario. Las enseñanzas de Jesús involucraban salud, sanidad y salvación.[2]

Ejemplo de batalla espiritual usando las Escrituras

Antes de orar por sanidad, usted (y la persona por quien está orando) deberán perdonar a todo individuo contra el cual guarden rencor o resentimiento, y confesar todo pecado que sea de su conocimiento. Pídale a Dios que lo perdone, y luego reciba y acepte su perdón. Quizás desee hacer declaraciones basadas en versículos bíblicos, de modo similar a esta adaptación de Colosenses 2.13–15.

> Dios me dio vida juntamente con Cristo, perdonándome todos mis pecados, anulando el acta de los decretos que había contra mí, que me era contraria, quitándola de en medio y clavándola

en la cruz, y despojando a los principados y a las potestades, los exhibió públicamente, triunfando sobre ellos en la cruz.

Una madre que conocemos utilizó estos versículos para orar por su hijo que tenía una deficiencia mental. A pesar de sus calificaciones bajas y de varias evaluaciones negativas de sus maestros, ella «anuló» estas evaluaciones orando una versión en paráfrasis de estos versículos. Su hijo empezó a mejorar y logró graduarse de la secundaria.[3]

La Palabra de Dios es la base de nuestra fe para la sanidad, por lo tanto, sumergirse en las Escrituras y declararlas en voz alta fortalecerá su fe para confiar en que Dios intervendrá (vea Romanos 10.17). A continuación ofrecemos una muestra de versículos sobre sanidad de la Palabra de Dios.

Escrituras sobre sanidad

Jehová Dios mío, a ti clamé, y me sanaste. Oh Jehová, hiciste subir mi alma del Seol; me diste vida, para que no descendiese a la sepultura (Salmo 30.2–3).

Bendice, alma mía, a Jehová, y no olvides ninguno de sus beneficios. El es quien perdona todas tus iniquidades, el que sana todas tus dolencias; el que rescata del hoyo tu vida, el que te corona de favores y misericordias (Salmo 103.2–4).

Pero clamaron a Jehová en su angustia, y los libró de sus aflicciones. Envió su palabra, y los sanó, y los libró de su ruina (Salmo 107.19–20).

Hijo mío, está atento a mis palabras; inclina tu oído a mis razones. No se aparten de tus ojos; guárdalas en medio de tu corazón; porque son vida a los que las hallan, y medicina a todo su cuerpo (Proverbios 4.20–22).

El corazón alegre constituye buen remedio; mas el espíritu triste seca los huesos (Proverbios 17.22).

Sáname, oh Jehová, y seré sano; sálvame, y seré salvo; porque tú eres mi alabanza (Jeremías 17.14).

Y recorrió Jesús toda Galilea, enseñando en las sinagogas de ellos, y predicando el evangelio del reino, y sanando toda enfermedad y toda dolencia en el pueblo (Mateo 4.23).

Y he aquí una mujer enferma de flujo de sangre desde hacía doce años, se le acercó por detrás y tocó el borde de su manto; porque decía dentro de sí: Si tocare solamente su manto, seré salva. Pero Jesús, volviéndose y mirándola, dijo: Ten ánimo, hija; tu fe te ha salvado. Y la mujer fue salva desde aquella hora (Mateo 9.20–22).

Y llegado a la casa, vinieron a él los ciegos; y Jesús les dijo: ¿Creéis que puedo hacer esto? Ellos dijeron: Sí, Señor. Entonces les tocó los ojos, diciendo: Conforme a vuestra fe os sea hecho. Y los ojos de ellos fueron abiertos (Mateo 9.28–30).

Y se le acercó mucha gente que traía consigo a cojos, ciegos, mudos, mancos, y otros muchos enfermos; y los pusieron a los pies de Jesús, y los sanó; de manera que la multitud se maravillaba, viendo a los mudos hablar, a los mancos sanados, a los cojos andar, y a los ciegos ver; y glorificaban al Dios de Israel (Mateo 15.30–31).

Y estas señales seguirán a los que creen: En mi nombre echarán fuera demonios; hablarán nuevas lenguas; tomarán en las manos serpientes, y si bebieren cosa mortífera, no les hará daño; sobre los enfermos pondrán sus manos, y sanarán (Marcos 16.17–18).

Y cuando la gente lo supo, le siguió; y él les recibió, y les hablaba del reino de Dios, y sanaba a los que necesitaban ser curados (Lucas 9.11).

Y por la mano de los apóstoles se hacían muchas señales y prodigios en el pueblo... Y los que creían en el Señor aumentaban más, gran número así de hombres como de mujeres; tanto que sacaban los enfermos a las calles, y los ponían en camas y lechos, para que al pasar Pedro, a lo menos su sombra cayese sobre alguno de ellos. Y aun de las ciudades vecinas muchos venían a Jerusalén, trayendo enfermos y atormentados de espíritus inmundos; y todos eran sanados (Hechos 5.12–16).

Y cierto hombre de Listra estaba sentado, imposibilitado de los pies, cojo de nacimiento, que jamás había andado. Este oyó hablar a Pablo, el cual, fijando en él sus ojos, y viendo que tenía fe para ser sanado, dijo a gran voz: Levántate derecho sobre tus pies. Y él saltó, y anduvo (Hechos 14.8–10).

Y hacía Dios milagros extraordinarios por mano de Pablo, de tal manera que aun se llevaban a los enfermos los paños o delantales de su cuerpo, y las enfermedades se iban de ellos, y los espíritus malos salían (Hechos 19.11–12).

¿Está alguno enfermo entre vosotros? Llame a los ancianos de la iglesia, y oren por él, ungiéndole con aceite en el nombre del Señor. Y la oración de fe salvará al enfermo, y el Señor lo levantará; y si hubiere cometido pecados, le serán perdonados. Confesaos vuestras ofensas unos a otros, y orad unos por otros, para que seáis sanados. La oración eficaz del justo puede mucho (Santiago 5.14–16).

Quien llevó él mismo nuestros pecados en su cuerpo sobre el madero, para que nosotros, estando muertos a los pecados, vivamos a la justicia; y por cuya herida fuisteis sanados (1 Pedro 2.24).

Amado, yo deseo que tú seas prosperado en todas las cosas, y que tengas salud, así como prospera tu alma (3 Juan 2).

Oración

En el nombre de Jesucristo y por la autoridad de su sangre derramada nos declaramos en contra de toda trama de Satanás en contra del cuerpo de [nombre de la persona]. Te damos gracias, Señor, porque tu Palabra nos da energía y vida, y porque tú estás dando esa vida a [nombre] mientras oramos.

Padre, trae salud y sanidad a los tejidos, coyunturas, huesos y fibras, al sistema sanguíneo y a los demás sistemas del cuerpo que han sido afectados por esta enfermedad. Que los medicamentos que está tomando surtan un efecto beneficioso, y que todos los efectos secundarios negativos queden anulados en el nombre de Jesús. Señor, haz que su cuerpo funcione como tú lo creaste para que funcionara.

Declaramos que el plan de destrucción del enemigo ha quedado anulado y eliminado porque Cristo le derrotó en la cruz. Cubrimos a [nombre] con la sangre de Jesús y te pedimos que le fortalezcas en el hombre interior. Invocamos la vida que hay en Cristo Jesús para hacer que el enemigo huya. Te damos gracias por la victoria, en el nombre de Jesús, amén.

LIBERACIÓN

Desde que el arcángel Lucero y sus seguidores fueron echados del cielo, se han opuesto al reino de Dios y a su plan de que la humanidad señoree sobre la tierra. Lucero, ahora conocido como Satanás, inició su obra destructora en el huerto donde engañó a Adán y Eva. Sus estrategias continuas contra la raza humana han sido implacables, como hemos visto en nuestras propias vidas, en las vidas de nuestros seres amados y en las naciones del mundo. E. M. Bounds afirma:

> Satanás siembra la cizaña entre el trigo... malos pensamientos entre pensamientos buenos. Todo tipo de semilla perversa es sembrada por él en los campos de cosecha de la tierra. Siempre está tratando de convertir lo bueno en malo y lo malo en peor. Llena la mente de Judas, le inflama y lo apresura en su propósito infame... El diablo se conduce de modo tan feroz, tan decidido y tan fuerte como un león, con el único propósito de destruir.[1]

Rompiendo ataduras

Las buenas nuevas del evangelio son que Cristo vino para «deshacer las obras del diablo» (1 Juan 3.8), y les dijo a sus seguidores: «He aquí os doy potestad... sobre toda fuerza del enemigo» (Lucas 10.19). La palabra «toda» en este caso se refiere a la totalidad, a todo nivel de potestad.

Entonces, ¿por qué seguimos viendo a creyentes luchar con muchas ataduras? Porque en alguna parte han dejado una puerta abierta que brinda acceso al enemigo a sus vidas. Algunas de las causas principales son desobedecer la Palabra de Dios, la avaricia, el no perdonar, la inmoralidad, la participación en el ocultismo, el abuso de sustancias nocivas, la rebelión contra autoridades espirituales y la soberbia espiritual. En la mayoría de los casos, el problema se inicia cuando un individuo escucha la voz del enemigo y transige en lo que sabe que es la verdad. Considere las advertencias siguientes de las Escrituras:

¿Por qué me llamáis, Señor, Señor, y no hacéis lo que yo digo? (Lucas 6.46)

Y dijo Pedro: Ananías, ¿por qué llenó Satanás tu corazón para que mintieses al Espíritu Santo, y sustrajeses del precio de la heredad? (Hechos 5.3)

Y al que vosotros perdonáis, yo también; porque también yo lo que he perdonado, si algo he perdonado, por vosotros lo he hecho en presencia de Cristo, para que Satanás no gane ventaja alguna sobre nosotros; pues no ignoramos sus maquinaciones (2 Corintios 2.10–11).

Airaos, pero no pequéis; no se ponga el sol sobre vuestro enojo, ni deis lugar al diablo (Efesios 4.26–27).

Muchas personas no toman estas advertencias de las Escrituras con seriedad, y así se exponen al reino tenebroso de Satanás cuando desobedecen los mandamientos escritos de Dios. Si el enemigo tiene un punto de entrada en su vida, pídale al Espíritu Santo que le revele cómo logró tal acceso. Podría ser necesario buscar ayuda y consejo de un ministro o compañero de oración cuando trata con esas esferas específicas.

Cómo Identificar la raíz del problema

En nuestro libro *Lord, Help Me Break this Habit: You Can Be Free from Doing the Things You Hate* [Señor, ayúdame a romper este hábito: Sea libre de hacer las cosas que detesta], compartimos la historia de una joven que empezó a creer la mentira de que era obesa y siempre lo sería. Comía en exceso y luego pasaba por períodos de purga, los que la llevaron a desarrollar trastornos alimenticios graves. Durante la consejería ella llegó a comprender que había creído una mentira sobre cómo se veía a sí misma. «Tuve que hacerme responsable de mis propias decisiones y dejar de culpar a mis padres, mis compañeros o a cualquier otra persona por las desilusiones en mi vida», dijo.[2]

Cuando se perdonó a sí misma, memorizó escrituras y continuó con su consejería, experimentó un avance maravilloso. Cuando el enemigo le susurraba: «Estás gorda», ella repetía su adaptación personal de 1 Corintios 10.13, lo cual se volvió su salvavidas: «No me ha sobrevenido ninguna tentación que no sea humana; pero fiel es Dios, que no me dejará ser tentada más de lo que puedo resistir. Pero cuando soy tentada, Dios me dará también juntamente con la tentación la salida, para que pueda soportar». Ella frecuentemente oraba: «Señor, dame la salida cuando me sienta tentada a comer demasiado». En los años siguientes ha logrado mantener su peso normal, ha cesado su diálogo interno despectivo y ha hallado una rutina razonable de ejercicio. Hoy, es una mujer radiante.[3]

Si está aconsejando u orando por un individuo que necesita liberación, pídale al Espíritu Santo que le revele la raíz del problema. Esto es muy importante porque si únicamente tratamos el síntoma—el comportamiento exterior—sin llegar a la raíz del asunto, el problema resurgirá.

Estudie ejemplos bíblicos de las estrategias del diablo. Recuerde que Satanás no es más que un arcángel caído; nunca lo estime como igual a Dios. Para pintar un cuadro más claro del dominio del enemigo, Dean Sherman describe al que habita el reino de las tinieblas:

> Satanás (un arcángel individual caído) y los ángeles caídos, numerosos demonios y espíritus malignos. Según la Palabra de Dios, eso es todo lo que son. Estos espíritus son personalidades... Jesús no confrontó a una fuerza del mal; confrontó a espíritus malignos, algunas veces llamándoles por nombre... Al igual que todas las personalidades, los ángeles caídos piensan, escuchan, se comunican, experimentan, actúan y reaccionan. Nos hablan en la mente... Escuchan lo que decimos, observan nuestras reacciones, y confeccionan planes y estrategias. Debido a que estas personalidades perversas escuchan, es necesario hablarles cuando participamos en la guerra espiritual... reprendiéndoles y negándoles verbalmente acceso a nuestras vidas. Jesús se dirigió directamente al enemigo. Puesto que nos dijo que haríamos obras mayores que las de él, Jesús nos enseña por su ejemplo que también debemos dirigirnos al enemigo para resistirle.[4]

Atando al enemigo

Como intercesores estamos entre Dios y un individuo, pidiéndole a Dios que intervenga en su necesidad. Pero también estamos entre Satanás y esa persona, batallando y haciendo retroceder a las potestades de las tinieblas.

Atar espíritus malignos significa sujetarlos por medio de hablarles directamente y prohibirles que continúen con sus actividades destructoras. El poder del Espíritu Santo da fuerza a nuestras palabras para liberar al individuo de las ataduras del enemigo. Luego en oración pedimos al Espíritu Santo que ministre a la necesidad de esa persona para ayudarle a andar en obediencia a la Palabra de Dios. También pedimos en oración que el individuo aprenda a ejercer autoridad sobre el enemigo, según nos dice 1 Pedro 5.8–9.

Jesús mismo nos da un modelo para tratar con valentía y autoridad con las potestades demoníacas. «Pero si yo por el Espíritu de Dios echo fuera los demonios, ciertamente ha llegado a vosotros el reino de Dios. Porque ¿cómo puede alguno entrar en la casa del hombre fuerte, y saquear sus bienes, si primero no le ata? Y entonces podrá saquear su casa» (Mateo 12.28–29).

Jesús también dijo a sus seguidores: «Y a ti te daré las llaves del reino de los cielos; y todo lo que atares en la tierra será atado en los cielos; y todo lo que desatares en la tierra será desatado en los cielos» (Mateo 16.19).

Aprendiendo del ministerio de Jesús

Hay siete historias en los evangelios que ilustran el ministerio de liberación del Señor:

1. el endemoniado mudo (Mateo 9.32–34)
2. el endemoniado ciego y mudo (Mateo 12.22–24)
3. el endemoniado en la sinagoga (Marcos 1.21–28; Lucas 4.31–37)
4. los endemoniados gadarenos (Mateo 8.28–34; Marcos 5.1–20; Lucas 8.26–39)
5. la hija de la mujer cananea (Mateo 15.21–28; Marcos 7.24–30)
6. el muchacho lunático (Mateo 17.14–20; Marcos 9.14–29; Lucas 9.37–43)
7. la mujer con espíritu de enfermedad (Lucas 13.10–17)

Y se difundió su fama por toda Siria; y le trajeron todos los que tenían dolencias, los afligidos por diversas enfermedades y tormentos, los endemoniados, lunáticos y paralíticos; y los sanó (Mateo 4.24).

Mientras salían ellos, he aquí, le trajeron un mudo, endemoniado. Y echado fuera el demonio, el mudo habló; y la gente se maravillaba, y decía: Nunca se ha visto cosa semejante en Israel (Mateo 9.32–33).

Entonces fue traído a él un endemoniado, ciego y mudo; y le sanó, de tal manera que el ciego y mudo veía y hablaba... Mas los fariseos, al oírlo, decían: Este no echa fuera los demonios sino por Beelzebú, príncipe de los demonios. Sabiendo Jesús los pensamientos de ellos, les dijo.... Si Satanás echa fuera a Satanás, contra sí mismo está dividido... Pero si yo por el Espíritu de Dios echo fuera los demonios, ciertamente ha llegado a vosotros el reino de Dios (Mateo 12.22–28).

Y respondiendo uno de la multitud, dijo: Maestro, traje a ti mi hijo, que tiene un espíritu mudo... y dije a tus discípulos que lo echasen fuera, y no pudieron... Y cuando Jesús vio que la multitud se agolpaba, reprendió al espíritu inmundo, diciéndole: Espíritu mudo y sordo, yo te mando, sal de él, y no entres más en él. Entonces el espíritu, clamando y sacudiéndole con violencia, salió (Marcos 9.17–18, 25–26).

Habiendo reunido a sus doce discípulos, les dio poder y autoridad sobre todos los demonios, y para sanar enfermedades. Y los envió a predicar el reino de Dios, y a sanar a los enfermos (Lucas 9.1–2).

Enseñaba Jesús en una sinagoga en el día de reposo; y había allí una mujer que desde hacía dieciocho años tenía espíritu de enfermedad, y andaba encorvada, y en ninguna manera se podía enderezar. Cuando Jesús la vio, la llamó y le dijo: Mujer, eres libre de tu enfermedad. Y puso las manos sobre ella; y ella se enderezó luego, y glorificaba a Dios... Entonces el Señor le respondió y dijo: Hipócrita, cada uno de vosotros ¿no desata en el día de reposo su buey o su asno del pesebre y lo lleva a beber? Y a esta hija de Abraham, que Satanás había atado dieciocho años, ¿no se le debía desatar de esta ligadura en el día de reposo? (Lucas 13.10–16)

Cómo Dios ungió con el Espíritu Santo y con poder a Jesús de Nazaret, y cómo éste anduvo haciendo bienes y sanando a todos los oprimidos por el diablo, porque Dios estaba con él (Hechos 10.38).

Haciendo lo que Jesús hizo

En los días del ministerio terrenal de Jesús los apóstoles algunas veces tuvieron dificultades para liberar a endemoniados de las ataduras de Satanás, como en el caso del muchacho lunático cuyo padre les pidió ayuda.

Pero antes de ir a la cruz, Jesús declaró: «De cierto, de cierto os digo: El que en mí cree, las obras que yo hago, él las hará también; y aun mayores hará, porque yo voy al Padre» (Juan 14.12). Esa promesa no es estrictamente para los apóstoles, sino para «el que en mí cree». Después de que fueron llenos del Espíritu Santo, los apóstoles anduvieron con valentía y autoridad:

> Aconteció que mientras íbamos a la oración, nos salió al encuentro una muchacha que tenía espíritu de adivinación, la cual daba gran ganancia a sus amos, adivinando. Esta, siguiendo a Pablo y a nosotros, daba voces, diciendo: Estos hombres son siervos del Dios Altísimo, quienes os anuncian el camino de salvación. Y esto lo hacía por muchos días; mas desagradando a Pablo, éste se volvió y dijo al espíritu: Te mando en el nombre de Jesucristo, que salgas de ella. Y salió en aquella misma hora (Hechos 16.16–18).

> Amados, no creáis a todo espíritu, sino probad los espíritus si son de Dios; porque muchos falsos profetas han salido por el mundo. En esto conoced el Espíritu de Dios: Todo espíritu que confiesa que Jesucristo ha venido en carne, es de Dios; y todo espíritu que no confiesa que Jesucristo ha venido en carne, no es de Dios; y este es el espíritu del anticristo, el cual vosotros habéis oído que viene, y que ahora ya está en el mundo (1 Juan 4.1–3).

El doctor Neil Anderson, en su libro *Rompiendo las cadenas*, afirma que es necesario ver el asunto de confrontar lo demoníaco como un encuentro con la verdad, no un encuentro de poder. Él escribe:

> El poder para la vida cristiana se halla en la verdad; el poder de Satanás se halla en la mentira. Satanás no quiere que usted conozca su poder y autoridad como creyente en Cristo porque el poder de él sólo es eficaz en las tinieblas... Satanás teme más a la detección que a ninguna otra cosa. Cuando se enciende la luz de la verdad, él y sus demonios, al igual que las cucarachas, corren a las sombras... Yo hago todo lo posible por impedir que Satanás se manifieste y se glorifique a sí mismo a través de un encuentro de poderes. Debemos glorificar a Dios por medio de permitir que *su* presencia se manifieste.[5]

Oración

Padre, tal como Jesús oró que guardaras a sus discípulos del mal,
te pedimos también que nos protejas por el poder de Su nombre.
Revélanos cualquier esfera de nuestras vidas en la cual le hemos
permitido acceso al enemigo. Ayúdanos a arrepentirnos
y a andar en obediencia a tu Palabra. Danos tu estrategia para
derrotar las artimañas y maquinaciones del maligno.
Ayúdanos a estar plenamente armados y equipados para
declarar la verdad y exponer las estrategias del diablo
en contra nuestra y en contra de nuestros seres amados.

Gracias por el Espíritu Santo que nos da poder.
Gracias por la sangre de Cristo derramada en la cruz
que compró nuestra libertad a un precio tan grande.
Gracias porque podemos vencer por la sangre del Cordero,
la Palabra de Dios y nuestro testimonio.
¡Nos regocijamos en tu victoria! Amén.

INTERCESIÓN POR OTROS

«Sin Dios, nada podemos. Sin nosotros, Dios nada hará». La afirmación concisa de San Agustín resume la naturaleza doble de la intercesión. Por el Espíritu Santo, Dios nos da el poder para interceder por las necesidades de otros; pero sin ese poder nuestras oraciones sólo serían palabras vanas.

Dios también nos inviste con la autoridad de Cristo para sujetar a las fuerzas satánicas que ciegan y estorban al individuo por quien estamos orando. Dios podría sujetar a esas fuerzas sin nosotros si decidiera hacerlo, pero nos ha equipado y comisionado a interceder por medio de hacer retroceder al enemigo, permitiendo así que el Espíritu Santo traiga convicción que lleve al arrepentimiento.

Dos versículos del Antiguo Testamento representan la necesidad de un intercesor que batalle por la humanidad pecaminosa. «Y vio que no había hombre, y se maravilló que no hubiera quien se interpusiese» (Isaías 59.16). «Y busqué entre ellos hombre que hiciese vallado y que se pusiese en la brecha delante de mí, a favor de la tierra, para que yo no la destruyese; y no lo hallé» (Ezequiel 22.30). La maestra de la Biblia Joy Dawson dice que estos versículos representan lo que Dios busca:

> El corazón de Dios está buscando a aquellos que responderán a la necesidad de que alguien que se ponga en la brecha. El cuadro está claro: Si alguien no se pone en ese lugar, la invasión de las tinieblas sucederá y la final destrucción de personas ocurrirá. Responda al llamado del Espíritu Santo. No permita que el precio que hay que pagar convierta a la intercesión en un asunto pasivo. Costará tiempo, energía, sueño, pureza de motivos y más fe que cualquiera otra cosa que hagamos... Dios lo ha dejado claro desde el Génesis hasta el Apocalipsis que la oración es el cerillo que enciende la mecha para liberar el poder explosivo del Espíritu Santo en los asuntos de los hombres. Dediquémosle un tiempo prioritario.[1]

Por supuesto que Jesús fue el que se puso en la brecha por nosotros. Se convirtió en el mediador entre Dios y los hombres por medio de darse a sí mismo como sacrificio por el pecado. Pero los creyentes también hemos sido llamados a ser intercesores.

Siguiendo un modelo bíblico de intercesión

La batalla de Josué contra los amalecitas es un ejemplo excelente del poder de la intercesión. Mientras Josué y el ejército de Israel peleaban, Moisés, Aarón y Hur intercedían. Dios les dio la victoria, pero para ello se requirió la cooperación de los intercesores y de un ejército de guerreros:

> E hizo Josué como le dijo Moisés, peleando contra Amalec; y Moisés y Aarón y Hur subieron a la cumbre del collado. Y sucedía que cuando alzaba Moisés su mano, Israel prevalecía; mas cuando él bajaba su mano, prevalecía Amalec. Y las manos de Moisés se cansaban; por lo que tomaron una piedra, y la pusieron debajo de él, y se sentó sobre ella; y Aarón y Hur sostenían sus manos, el uno de un lado y el otro de otro; así hubo en sus manos firmeza hasta que se puso el sol. Y Josué deshizo a Amalec y a su pueblo a filo de espada (Éxodo 17.10–13).

El vocablo hebreo que en su raíz significa intercesor o intercesión es *paga*, que significa «acometer, interponer, rogar».[2] Cuando un soldado israelita le da al blanco en una práctica de tiro, grita «¡Paga!»—lo que en hebreo moderno equivale a «¡En el blanco!» Los intercesores eficaces aprenden a darle al blanco con precisión en sus batallas.

Preparándose para la intercesión

La duda, la desobediencia y la incredulidad empañan nuestra visión espiritual, traen condenación y nos impiden orar con fe y valentía. Tal como los sacerdotes se lavaban antes de entrar a la presencia de Dios para representar al pueblo, así también nosotros necesitamos prepararnos para el ministerio de la intercesión. El arrepentimiento y un compromiso renovado de obedecer al Señor nos preparan para acercarnos «confiadamente al trono de la gracia» (Hebreos 4.16) y adoptar una posición ofensiva contra el enemigo.

Tanto el salmista David como el apóstol Juan destacan este principio: «Crea en mí, oh Dios, un corazón limpio, y renueva un espíritu recto dentro de mí» (Salmo 51.10). «Amados, si nuestro corazón no nos reprende, confianza tenemos en Dios; y cualquiera cosa que pidiéremos la recibiremos de él, porque guardamos sus mandamientos, y hacemos las cosas que son agradables delante de él» (1 Juan 3.21–22).

Poniéndose en la brecha

¿Por qué hay personas que aparentemente están cerradas al mensaje del evangelio? ¿Se sienten indiferentes hacia el sacrificio de Jesús por sus pecados? La Biblia nos da unas pistas:

1. El dios de este siglo cegó el entendimiento de los incrédulos, para que no les resplandezca la luz del evangelio de la gloria de Cristo (2 Corintios 4.4).

2. [El siervo del Señor] con mansedumbre debe corregir a los que se oponen, por si quizá Dios les conceda que se arrepientan para conocer la verdad, y escapen del lazo del diablo, en que están cautivos a voluntad de él (2 Timoteo 2.25–26).

3. Los afanes de este siglo, y el engaño de las riquezas, y las codicias de otras cosas, entran y ahogan la palabra, y se hace infructuosa (Marcos 4.19).

4. Rogad, pues, al Señor de la mies, que envíe obreros a su mies. (Mateo 9.38).

La Palabra de Dios nos dice qué tipo de oraciones orar, por quién orar y por qué:

Exhorto ante todo, a que se hagan rogativas, oraciones, peticiones y acciones de gracias, por todos los hombres; por los reyes y por todos los que están en eminencia, para que vivamos quieta y reposadamente en toda piedad y honestidad. Porque esto es bueno y agradable delante de Dios nuestro Salvador, el cual quiere que todos los hombres sean salvos y vengan al conocimiento de la verdad (1 Timoteo 2.1–4).

Así que, por eso es mediador de un nuevo pacto, para que interviniendo muerte para la remisión de las transgresiones que había bajo el primer pacto, los llamados reciban la promesa de la herencia eterna (Hebreos 9.15).

Cuando metieron al profeta Jeremías en la prisión, el Señor deseaba revelarle cosas futuras. Le dijo a Jeremías: «Clama a mí, y yo te responderé, y te enseñaré cosas grandes y ocultas que tú no conoces» (Jeremías 33.3). «Clamar» aquí significa elevar un grito—buscando captar la atención de otra persona—o proclamar. Dick Eastman explica este pasaje de modo más completo:

> Dios prometió a Jeremías que, si le llamaba, no sólo le contestaría, sino que le revelaría «cosas grandes y ocultas», que no podrían conocerse de otra manera. La palabra «ocultas», del hebreo *batsar*, se traduciría mejor como: «aislado» o «inaccesible». Se sugiere que Dios daría a Jeremías «intuición reveladora», al revelar cosas que de otra manera permanecerían aisladas o inaccesibles. Tal «intuición reveladora» siempre ha sido esencial para el claro entendimiento de una victoriosa guerra espiritual. Uno no puede orar efectivamente sin cierta intuición en cuanto a cómo orar, y tampoco sin saber lo que Dios en verdad anhela que busquemos en la oración.[3]

Luchando en oración

Pablo les recordaba continuamente a los creyentes de la iglesia primitiva a permanecer fieles en la oración. En una de sus cartas menciona a un colaborador que también era un intercesor fiel y trabajador: «Os saluda Epafras, el cual es uno de vosotros, siervo de Cristo, siempre rogando encarecidamente por vosotros en sus oraciones, para que estéis firmes, perfectos y completos en todo lo que Dios quiere. Porque de él doy testimonio de que tiene gran solicitud por vosotros, y por los que están en Laodicea, y los que están en Hierápolis» (Colosenses 4.12–13).

El enemigo emplea todas las maquinaciones posibles para evitar que aquellos por quienes oramos vengan al conocimiento de la verdad y reciban a Jesús como Señor. Para verles liberados, podría ser necesario literalmente luchar en oración, como lo hizo Epafras. Pero no estamos solos en esta tarea importante. El Padre nos ha provisto un ayudador —el Espíritu Santo— para ayudarnos a que nuestras oraciones den en el blanco.

Dutch Sheets, en su libro *La oración intercesora: Cómo Dios puede usar sus oraciones para mover el cielo y la tierra*, cuenta cuando observó cómo un edificio casi del tamaño de una manzana completa fue demolido con dinamita en menos de diez segundos. Él compara esta escena a la intercesión:

Me gustaría pensar que en algunas maneras esto también puede ser un cuadro de nuestra intercesión. A diferencia de este edificio físico, usualmente no vemos la respuesta en cuestión de segundos—podríamos hallarnos colocando la dinamita del Espíritu Santo estratégicamente por días, semanas o meses. Pero cada vez que tomamos nuestras armas espirituales y las utilizamos contra las fortalezas del enemigo, estamos colocando nuestras cargas explosivas en lugares estratégicos. Y tarde o temprano el Santo Detonador del Cielo dirá: «¡Ya basta!» Habrá una explosión poderosa en el espíritu, una fortaleza se desplomará al suelo y una persona caerá de rodillas.[4]

Dutch Sheets cree que las Escrituras indican que nuestras oraciones se acumulan:

Hay copas en el cielo en donde se guardan nuestras oraciones... No sé si esto es literal o simbólico. Pero no importa. El principio sigue siendo el mismo. Dios tiene algo en donde guarda nuestras oraciones para utilizarlas en el momento correcto.

«Y cuando hubo tomado el libro, los cuatro seres vivientes y los veinticuatro ancianos se postraron delante del Cordero; todos tenían arpas, y copas de oro llenas de incienso, que son las oraciones de los santos... Otro ángel vino entonces y se paró ante el altar, con un incensario de oro; y se le dio mucho incienso para añadirlo a las oraciones de todos los santos, sobre el altar de oro que estaba delante del trono. Y de la mano del ángel subió a la presencia de Dios el humo del incienso con las oraciones de los santos. Y el ángel tomó el incensario, y lo llenó del fuego del altar, y lo arrojó a la tierra; y hubo truenos, y voces, y relámpagos, y un terremoto (Apocalipsis 5.8; 8.3–5).

Según estos versículos, ya sea cuando Dios sabe que es el momento correcto de hacer algo, o cuando se han acumulado suficientes oraciones para llevar a cabo la tarea, él libera poder. Toma la copa y la mezcla con fuego del altar... ¡Mezcla la copa de nuestras oraciones con su fuego! Luego lo vierte sobre la tierra.[5]

Entender estas verdades acerca del poder de nuestra intercesión persistente debiera darnos confianza para permanecer fieles en la oración y alentar a otros a hacer lo mismo.

Aprendiendo del Espíritu Santo

Antes de abandonar esta tierra, Jesús prometió a sus seguidores: «Y yo rogaré al Padre, y os dará otro Consolador [Consejero, Ayudador, Intercesor, Abogado, Fortalecedor y Refuerzo], para que esté con vosotros para siempre: el Espíritu de verdad... él os enseñará todas las cosas» (Juan 14.16–17, 26).

El Espíritu Santo, nuestro ayudador, nos enseña a orar y nos fortalece para la batalla. Testifica de Jesús, guía, revela, consuela, imparte gozo, da dones espirituales, libera, da poder para el servicio e intercede por nosotros. Pablo describe cómo el Espíritu Santo también ora a través de nosotros:

> Y de igual manera el Espíritu nos ayuda en nuestra debilidad; pues qué hemos de pedir como conviene, no lo sabemos, pero el Espíritu mismo intercede por nosotros con gemidos indecibles. Mas el que escudriña los corazones sabe cuál es la intención del Espíritu, porque conforme a la voluntad de Dios intercede por los santos (Romanos 8.26–27).

Interceder conforme a la voluntad de Dios es un principio clave para una oración exitosa. Muchos creen que el Espíritu Santo intercede a través de nosotros por medio de orar en una lengua desconocida. El maestro de la Biblia Judson Cornwall dice: «La oración es el uso más valioso de las lenguas, porque es ‹hablar a Dios›». Él continúa explicando:

> El Espíritu Santo ciertamente no está limitado al idioma inglés ni está confinado a los idiomas modernos. Tiene acceso a todo idioma que haya sido usado por la humanidad, y está sumamente familiarizado con el idioma que se usa en el cielo. Cuando se necesita intercesión profunda, el Espíritu frecuentemente emplea un idioma que está más allá del alcance intelectual del interlocutor para circunvalar la censura de su mente consciente, permitiéndole de esa forma al Espíritu decir lo que es necesario orar sin tener que argumentar con el nivel de fe de aquel a través del cual fluye la intercesión.[6]

El don de orar en lengua desconocida se encuentra disponible para todos los cristianos nacidos de nuevo, no sólo fue para los que vivieron en el primer siglo después de Cristo. Como hijo de Dios, todo lo que necesita hacer es pedir el don que Jesús prometió (vea Juan 14.16–17, 26).

Escrituras en cuanto al Espíritu Santo

Y estas señales seguirán a los que creen: En mi nombre echarán fuera demonios; hablarán nuevas lenguas (Marcos 16.17).

¿Qué padre de vosotros, si su hijo le pide pan, le dará una piedra? ¿o si pescado, en lugar de pescado, le dará una serpiente? ¿O si le pide un huevo, le dará un escorpión? Pues si vosotros, siendo malos, sabéis dar buenas dádivas a vuestros hijos, ¿cuánto más vuestro Padre celestial dará el Espíritu Santo a los que se lo pidan? (Lucas 11.11–13)

Pero recibiréis poder, cuando haya venido sobre vosotros el Espíritu Santo, y me seréis testigos en Jerusalén, en toda Judea, en Samaria, y hasta lo último de la tierra (Hechos 1.8).

Y fueron todos [los ciento veinte en el aposento alto] llenos del Espíritu Santo, y comenzaron a hablar en otras lenguas, según el Espíritu les daba que hablasen (Hechos 2.4).

Cuando hubieron orado, el lugar en que estaban congregados tembló; y todos fueron llenos del Espíritu Santo, y hablaban con denuedo la palabra de Dios (Hechos 4.31).

Cómo Dios ungió con el Espíritu Santo y con poder a Jesús de Nazaret, y cómo éste anduvo haciendo bienes y sanando a todos los oprimidos por el diablo, porque Dios estaba con él (Hechos 10.38).

Y habiéndoles impuesto Pablo las manos, vino sobre ellos el Espíritu Santo; y hablaban en lenguas, y profetizaban (Hechos 19.6).

Porque el que habla en lenguas no habla a los hombres, sino a Dios (1 Corintios 14.2).

Porque si yo oro en lengua desconocida, mi espíritu ora, pero mi entendimiento queda sin fruto. ¿Qué, pues? Oraré con el espíritu, pero oraré también con el entendimiento; cantaré con el espíritu, pero cantaré también con el entendimiento (1 Corintios 14.14–15).

Pero vosotros, amados, edificándoos sobre vuestra santísima fe, orando en el Espíritu Santo (Judas 20).

Escrituras sobre la intercesión

Mas tú, cuando ores, entra en tu aposento, y cerrada la puerta, ora a tu Padre que está en secreto; y tu Padre que ve en lo secreto te recompensará en público. Y orando, no uséis vanas repeticiones, como los gentiles, que piensan que por su palabrería serán oídos. No os hagáis, pues, semejantes a ellos; porque vuestro Padre sabe de qué cosas tenéis necesidad, antes que vosotros le pidáis (Mateo 6.6–8).

Por tanto, teniendo un gran sumo sacerdote que traspasó los cielos, Jesús el Hijo de Dios, retengamos nuestra profesión. Porque no tenemos un sumo sacerdote que no pueda compadecerse de nuestras debilidades, sino uno que fue tentado en todo según nuestra semejanza, pero sin pecado. Acerquémonos, pues, confiadamente al trono de la gracia, para alcanzar misericordia y hallar gracia para el oportuno socorro (Hebreos 4.14–16).

Acercaos a Dios, y él se acercará a vosotros. Pecadores, limpiad las manos; y vosotros los de doble ánimo, purificad vuestros corazones... Confesaos vuestras ofensas unos a otros, y orad unos por otros, para que seáis sanados. La oración eficaz del justo puede mucho (Santiago 4.8; 5.16).

Oración por seres amados inconversos

*Señor, te doy gracias porque no es tu voluntad que mis seres amados perezcan.
Por favor, envía a personas a su camino que les compartan
el mensaje del evangelio con poder y convicción. Dios, concédeles
que se arrepientan y guíales a una relación personal con Jesús.
Me opongo a las fuerzas de las tinieblas que los han cegado y los sujetan,
en el nombre de Jesús. Destruyo toda fortaleza de engaño que los retiene en el
campamento enemigo. [Pídale al Espíritu Santo que le revele
otras fortalezas que tal vez necesite enfrentar.]*

*En el nombre de Jesús y por su autoridad, estos seres amados
[menciónelos por nombre] están saliendo del reino de las tinieblas
y van hacia el reino de la luz. Señor, cúbrelos con tu gracia, revélales cuánto
los amas y cuánto deseas libertarlos. Gracias, Señor, porque
tu plan y propósito para ellos prevalecerá. ¡Serán salvos! Amén.*

24

BATALLANDO CONTRA EL ENGAÑO

Satanás es un maestro del engaño, como podemos observar en los ejemplos que damos a continuación. Primero se engañó a sí mismo en el cielo: «Subiré al cielo; en lo alto, junto a las estrellas de Dios, levantaré mi trono, y en el monte del testimonio me sentaré, a los lados del norte; sobre las alturas de las nubes subiré, y seré semejante al Altísimo» (Isaías 14.13–14).

Después engañó a Eva en el huerto: «No moriréis; sino que sabe Dios que el día que comáis de él, serán abiertos vuestros ojos, y seréis como Dios, sabiendo el bien y el mal» (Génesis 3.4–5).

Intentó engañar a Jesús en el desierto: «Y le llevó el diablo a un alto monte, y le mostró en un momento todos los reinos de la tierra. Y le dijo el diablo: A ti te daré toda esta potestad, y la gloria de ellos; porque a mí me ha sido entregada, y a quien quiero la doy. Si tú postrado me adorares, todos serán tuyos (Lucas 4.5–7).

Tuvo éxito en engañar a Judas en el aposento alto: «Y cuando cenaban, como el diablo ya había puesto en el corazón de Judas Iscariote... que le entregase... Y después del bocado, Satanás entró en él (Juan 13.2, 27).

La oración de Jesús impidió que tuviera éxito con Pedro: «Dijo también el Señor: Simón, Simón, he aquí Satanás os ha pedido para zarandearos como a trigo; pero yo he rogado por ti, que tu fe no falte» (Lucas 22.31–32).

¿Somos susceptibles nosotros a él? ¡Por supuesto!

Presa fácil para el engaño

Debido a la predisposición a pecar con la cual todos nacemos, somos presa fácil para el engaño si nuestra armadura espiritual no se encuentra firmemente en su lugar. Podemos ser engañados por el diablo o sus emisarios. Podemos ser engañados por la seducción y el habla convincente de otros.

Podemos ser engañados por nuestro propio orgullo, egoísmo y avaricia. Dios continuamente advirtió a su pueblo en cuanto a ser engañados para adorar a los dioses falsos de las otras naciones:

> Guardaos, pues, que vuestro corazón no se infatúe, y os apartéis y sirváis a dioses ajenos, y os inclinéis a ellos; y se encienda el furor de Jehová sobre vosotros... Si te incitare tu hermano, hijo de tu madre, o tu hijo, tu hija, tu mujer o tu amigo íntimo, diciendo en secreto: Vamos y sirvamos a dioses ajenos... no consentirás con él, ni le prestarás oído (Deuteronomio 11.16–17; 13.6, 8).

Ser engañado significa sencillamente creer una mentira en lugar de la verdad. El engaño siempre contiene un grano de verdad, apenas lo suficiente para *parecer* veraz, pero suficiente para crear confusión en la mente de muchos. Sin embargo, no es posible mezclar la verdad con el error, tal como no es posible mezclar el hierro con el barro.

La caída de Adán y Eva presenta un caso clásico de engaños. Diversas traducciones de Génesis 3.1 describen a la serpiente como lista, astuta, sutil y maliciosa. El diablo es un charlatán maestro. El erudito de la Biblia E. W. Bullinger escribe:

> La caída del hombre tuvo que ver únicamente con la Palabra de Dios y está centrada en el pecado de creer una mentira de Satanás en lugar de la verdad de Jehová.
>
> La tentación del «primer hombre Adán» empezó con la pregunta: «¿Conque Dios os ha dicho?» La tentación del «segundo hombre, que es el Señor» del cielo empezó con una pregunta similar: «Si eres Hijo de Dios», cuando la voz del Padre apenas había dejado de resonar, cuando dijo: «Este es mi Hijo Amado».
>
> Todo giraba en torno a lo que Jehová había dicho... Toda vez que se pone en tela de juicio la Palabra de Dios, allí vemos el rastro de «la serpiente antigua, que se llama diablo y Satanás».[1]

Casi podemos sentir el dolor de Pablo cuando leemos: «Porque Demas me ha desamparado, amando este mundo, y se ha ido a Tesalónica. Crescente fue a Galacia, y Tito a Dalmacia» (2 Timoteo 4.10). Muchos de nosotros hemos experimentado el dolor de ver a un creyente que conocemos y amamos caer en un engaño de uno u otro tipo. Los que ocupan posiciones de responsabilidad frecuentemente son blanco del enemigo:

intercesores, maestros de la Biblia, pastores, líderes de adoración, misioneros, y ancianos y líderes de una congregación.

Algunos sencillamente pierden su celo por el Señor y se convierten en calentadores de bancas ocasionales que no representan amenaza alguna para el reino de las tinieblas. Otros caen en inmoralidad o falsas doctrinas y se tornan en un vituperio activo para el cuerpo de Cristo. Unos cuantos llegan a abandonar a Dios por completo.

¿Cómo ocurre el engaño? Todo empieza cuando se contempla la pregunta sugestiva de Satanás: «¿Realmente dijo Dios eso?» Cuando una persona empieza a dudar lo que dice la Palabra de Dios, pronto ese individuo empieza a creer que su situación de alguna manera es diferente. Se hace más fácil para esa persona racionalizar el pecado. Algunos hasta aceptan la noción de que si hacen buenas obras para Dios, él excusará su pecado.

Una vez que el individuo cree la primera mentira, una multitud de mentiras adicionales pueden entrar marchando sin que sean cuestionadas. Todos debemos atenernos a la advertencia de Pablo: «Así que, el que piensa estar firme, mire que no caiga» (1 Corintios 10.12). Pablo también advirtió que: «el mismo Satanás se disfraza como ángel de luz» (2 Corintios 11.14).

Escrituras del Antiguo Testamento sobre el engaño

Pero la serpiente era astuta, más que todos los animales del campo que Jehová Dios había hecho; la cual dijo a la mujer: ¿Conque Dios os ha dicho: No comáis de todo árbol del huerto? Y la mujer respondió a la serpiente: Del fruto de los árboles del huerto podemos comer; pero del fruto del árbol que está en medio del huerto dijo Dios: No comeréis de él, ni le tocaréis, para que no muráis. Entonces la serpiente dijo a la mujer: No moriréis (Génesis 3.1–4).

Bienaventurado el hombre a quien Jehová no culpa de iniquidad, y en cuyo espíritu no hay engaño (Salmo 32.2).

Jehová, no retengas de mí tus misericordias; tu misericordia y tu verdad me guarden siempre (Salmo 40.11).

No habitará dentro de mi casa el que hace fraude; el que habla mentiras no se afirmará delante de mis ojos (Salmo 101.7).

El labio veraz permanecerá para siempre; mas la lengua mentirosa sólo por un momento. Engaño hay en el corazón de los que piensan el mal; pero alegría en el de los que piensan el bien (Proverbios 12.19–20).

Como escoria de plata echada sobre el tiesto son los labios lisonjeros y el corazón malo. El que odia disimula con sus labios; mas en su interior maquina engaño. Cuando hablare amigablemente, no le creas; porque siete abominaciones hay en su corazón (Proverbios 26.23–25).

Su morada está en medio del engaño; por muy engañadores no quisieron conocerme, dice Jehová. Por tanto, así ha dicho Jehová de los ejércitos: He aquí que yo los refinaré y los probaré; porque ¿qué más he de hacer por la hija de mi pueblo? (Jeremías 9.6–7)

Advertencias de Jesús

Durante su ministerio de enseñanza, Jesús dijo más de ochenta veces: «De cierto, de cierto os digo». Él sabía que la verdad protegería a sus seguidores del error. Su advertencia más fuerte en cuanto al tiempo del fin fue «no seáis engañados» (Lucas 21.8).

Guardaos de los falsos profetas, que vienen a vosotros con vestidos de ovejas, pero por dentro son lobos rapaces. Por sus frutos los conoceréis... No puede el buen árbol dar malos frutos, ni el árbol malo dar frutos buenos (Mateo 7.15–16, 18).

Mirad que nadie os engañe. Porque vendrán muchos en mi nombre, diciendo: Yo soy el Cristo; y a muchos engañarán... Porque se levantarán falsos Cristos, y falsos profetas, y harán grandes señales y prodigios, de tal manera que engañarán, si fuere posible, aun a los escogidos (Mateo 24.4–5, 24).

Si vosotros permaneciereis en mi palabra, seréis verdaderamente mis discípulos; y conoceréis la verdad, y la verdad os hará libres (Juan 8.31–32).

Enseñanzas de los Apóstoles

Pues la ley por medio de Moisés fue dada, pero la gracia y la verdad vinieron por medio de Jesucristo (Juan 1.17).

Profesando ser sabios, se hicieron necios, y cambiaron la gloria del Dios incorruptible en semejanza de imagen de hombre corruptible... ya que cambiaron la verdad de Dios por la mentira, honrando y dando culto a las criaturas antes que al Creador (Romanos 1.22–25).

Como está escrito: No hay justo, ni aun uno.... Sepulcro abierto es su garganta; con su lengua engañan... No hay temor de Dios delante de sus ojos (Romanos 3.10, 13, 18).

Mas os ruego, hermanos, que os fijéis en los que causan divisiones y tropiezos en contra de la doctrina que vosotros habéis aprendido, y que os apartéis de ellos... Con suaves palabras y lisonjas engañan los corazones de los ingenuos (Romanos 16.17–18).

¿No sabéis que los injustos no heredarán el reino de Dios? No erréis; ni los fornicarios, ni los idólatras, ni los adúlteros, ni los afeminados, ni los que se echan con varones, ni los ladrones, ni los avaros, ni los borrachos, ni los maldicientes, ni los estafadores, heredarán el reino de Dios (1 Corintios 6.9–10).

Nadie os engañe con palabras vanas, porque por estas cosas viene la ira de Dios sobre los hijos de desobediencia. No seáis, pues, partícipes con ellos (Efesios 5.6–7).

Mirad que nadie os engañe por medio de filosofías y huecas sutilezas, según las tradiciones de los hombres, conforme a los rudimentos del mundo, y no según Cristo (Colosenses 2.8).

Si alguno enseña otra cosa, y no se conforma a las sanas palabras de nuestro Señor Jesucristo, y a la doctrina que es conforme a la piedad, está envanecido, nada sabe, y delira acerca de cuestiones y contiendas de palabras, de las cuales nacen envidias, pleitos, blasfemias, malas sospechas, disputas necias de hombres corruptos de entendimiento y privados de la verdad, que toman la piedad como fuente de ganancia; apártate de los tales (1 Timoteo 6.3–5).

Porque vendrá tiempo cuando no sufrirán la sana doctrina, sino que teniendo comezón de oír, se amontonarán maestros conforme a sus propias concupiscencias, y apartarán de la verdad el oído y se volverán a las fábulas (2 Timoteo 4.3–4).

Cada uno es tentado, cuando de su propia concupiscencia es atraído y seducido. Entonces la concupiscencia, después que ha concebido, da a luz el pecado; y el pecado, siendo consumado, da a luz la muerte (Santiago 1.14–15).

Cristo padeció por nosotros, dejándonos ejemplo, para que sigáis sus pisadas; el cual no hizo pecado, ni se halló engaño en su boca (1 Pedro 2.21–22).

Si decimos que no tenemos pecado, nos engañamos a nosotros mismos, y la verdad no está en nosotros (1 Juan 1.8).

Oración

*Señor, ¡qué fácil es ser engañado! Padre, perdóname por las ocasiones
en el pasado en las cuales me negué a prestar atención a ese silbo
apacible y delicado de advertencia. Ayúdame a andar en tus caminos
y a escuchar y obedecer tu voz. Guárdame del error, Señor,
y ayúdame a comprender y aplicar la verdad de tu Palabra.
Ayúdame a continuamente poner mi confianza en que tú me guiarás
y me dirigirás, te lo pido en nombre de Jesús, amén.*

25

RESISTIENDO LOS ATAQUES VERBALES

¿Quién de nosotros no ha sido acosado por un vecino, pariente o alguien con autoridad sobre nosotros? ¿Quién no se ha sentido traicionado por un amigo, tratado injustamente o acusado falsamente por un maestro, supervisor o aun un líder de la iglesia? Algunos de nosotros hasta hemos sido blanco de demandas legales sin fundamento.

Tal vez se identifique con las palabras de David: «Aun el hombre de mi paz, en quien yo confiaba, el que de mi pan comía, alzó contra mí el calcañar» (Salmo 41.9). Ciertamente Jesús se identificó con ellas. Piénselo; él sabía de antemano que Judas, parte de su círculo interior de amigos, le traicionaría (vea Mateo 26.46).

No obstante, Aquel que fue traicionado nos dio un ejemplo noble de cómo responder a nuestros enemigos: «Oísteis que fue dicho: Amarás a tu prójimo, y aborrecerás a tu enemigo. Pero yo os digo: Amad a vuestros enemigos, bendecid a los que os maldicen, haced bien a los que os aborrecen, y orad por los que os ultrajan y os persiguen; para que seáis hijos de vuestro Padre que está en los cielos» (Mateo 5.43–45). «Y cuando estéis orando, perdonad, si tenéis algo contra alguno, para que también vuestro Padre que está en los cielos os perdone a vosotros vuestras ofensas» (Marcos 11.25).

Jesús procuró advertir a sus seguidores acerca de las dificultades que enfrentarían: «Estas cosas os he hablado para que en mí tengáis paz. En el mundo tendréis aflicción; pero confiad, yo he vencido al mundo» (Juan 16.33).

El apóstol Pablo aprendió bien esta lección. Él escribió: «Por lo cual, por amor a Cristo me gozo en las debilidades, en afrentas, en necesidades, en persecuciones, en angustias; porque cuando soy débil, entonces soy fuerte» (2 Corintios 12.10).

Examinemos algunos ejemplos bíblicos del acoso o acusaciones falsas para cobrar fuerzas para nuestras propias batallas espirituales contra la persecución.

La situación da un giro completo

En el libro de Ester leemos acerca de Amán, quien urdió un complot para exterminar a los judíos que vivían en el Imperio Persa. Pero la reina Ester hizo un llamado al pueblo judío a ayunar y orar por su protección. Cuando ella arriesgó su vida al presentarse ante el rey sin haber sido llamada, halló favor ante él y éste escuchó su petición. Por medio de una serie de eventos que sólo Dios pudo haber coordinado, la perversa conspiración de Amán fue trastornada. «Mas cuando Ester vino a la presencia del rey, él ordenó por carta que el perverso designio que aquél trazó contra los judíos recayera sobre su cabeza; y que colgaran a él y a sus hijos en la horca» (Ester 9.25).

Mientras Nehemías estaba ocupado reconstruyendo el muro destruido de Jerusalén, sufrió acoso continuo por parte de Sanbalat y sus seguidores, quienes hicieron todo lo posible por detener la obra. Pero Nehemías oró pidiendo que Dios lo fortaleciera, y se negó a negociar con sus enemigos. ¿El resultado? «Fue terminado, pues, el muro... en cincuenta y dos días. Y cuando lo oyeron todos nuestros enemigos, temieron todas las naciones que estaban alrededor de nosotros, y se sintieron humillados, y conocieron que por nuestro Dios había sido hecha esta obra» (Nehemías 6.15–16).

La vida de José revela toda una letanía de traiciones y acusaciones falsas por personas cercanas a él—desde sus propios hermanos hasta la esposa de su amo, y sus compañeros de prisión. Este joven seguramente se sintió abandonado, pero de alguna manera resistió ceder a la amargura. Eventualmente Dios lo rescató y lo colmó de favores. José llegó a ser primer ministro de Egipto, la tierra de su exilio.

Cuando sus propios hermanos que le habían traicionado vinieron a Egipto buscando alimento, José no los trató mal. Pudo decirles: «Ahora, pues, no os entristezcáis, ni os pese de haberme vendido acá... Dios me envió delante de vosotros, para preservaros posteridad sobre la tierra, y para daros vida por medio de gran liberación» (Génesis 45.5–7).

Dios no sólo acude a rescatarnos cuando somos acosados, sino también porque le pertenecemos, su favor resplandece sobre nosotros. Quizás sienta que ha sido malentendido y su nombre o reputación nunca ha sido vindicado. Pero Dios es el que lleva los registros, y sólo Él puede reivindicarnos.

Cuando acudimos a nuestro Padre celestial en busca de fuerza y sabiduría en medio de un ataque verbal, Él nos facultará para amar a nuestros enemigos y orar por ellos. ¿Quién sabe? Tal vez el ataque verbal es la rendija en la puerta por al cual Jesús puede entrar al corazón de su acusador. Aproveche la oportunidad de librar una batalla espiritual por el Señor.

Tome ánimo de la declaración que José les hizo a sus hermanos: «Vosotros pensasteis mal contra mí, mas Dios lo encaminó a bien, para hacer lo que vemos hoy, para mantener en vida a mucho pueblo» (Génesis 50.20).

Escrituras sobre Dios como vindicador

Me libró de mi poderoso enemigo, y de los que me aborrecían; pues eran más fuertes que yo (Salmo 18.17).

Porque intentaron el mal contra ti; fraguaron maquinaciones, mas no prevalecerán (Salmo 21.11).

Enséñame, oh Jehová, tu camino, y guíame por senda de rectitud a causa de mis enemigos. No me entregues a la voluntad de mis enemigos; porque se han levantado contra mí testigos falsos, y los que respiran crueldad (Salmo 27.11–12).

¡Cuán grande es tu bondad, que has guardado para los que te temen, que has mostrado a los que esperan en ti, delante de los hijos de los hombres! En lo secreto de tu presencia los esconderás de la conspiración del hombre; los pondrás en un tabernáculo a cubierto de contención de lenguas (Salmo 31.19–20).

Tú eres mi refugio; me guardarás de la angustia; con cánticos de liberación me rodearás (Salmo 32.7).

Los que miraron a él fueron alumbrados, y sus rostros no fueron avergonzados (Salmo 34.5).

Disputa, oh Jehová, con los que contra mí contienden; pelea contra los que me combaten. Echa mano al escudo y al pavés, y levántate en mi ayuda (Salmo 35.1–2).

Porque Jehová juzgará a su pueblo, y se compadecerá de sus siervos (Salmo 135.14).

Porque Jehová... provee de sana sabiduría a los rectos; es escudo a los que caminan rectamente. Es el que guarda las veredas del juicio, y preserva el camino de sus santos (Proverbios 2.6–8).

Seis cosas aborrece Jehová, y aun siete abomina su alma: Los ojos altivos, la lengua mentirosa, las manos derramadoras de sangre inocente, el corazón que maquina pensamientos inicuos, los pies presurosos para correr al mal, el testigo falso que habla mentiras, y el que siembra discordia entre hermanos (Proverbios 6.16–19).

Ninguna arma forjada contra ti prosperará, y condenarás toda lengua que se levante contra ti en juicio. Esta es la herencia de los siervos de Jehová, y su salvación de mí vendrá, dijo Jehová (Isaías 54.17).

Así que, si tu enemigo tuviere hambre, dale de comer; si tuviere sed, dale de beber; pues haciendo esto, ascuas de fuego amontonarás sobre su cabeza (Romanos 12.20).

Manteniendo buena vuestra manera de vivir entre los gentiles; para que en lo que murmuran de vosotros como de malhechores, glorifiquen a Dios en el día de la visitación, al considerar vuestras buenas obras (1 Pedro 2.12).

Escrituras sobre recibir el favor de Dios

Y tomó su amo a José, y lo puso en la cárcel, donde estaban los presos del rey, y estuvo allí en la cárcel. Pero Jehová estaba con José y le extendió su misericordia, y le dio gracia en los ojos del jefe de la cárcel (Génesis 39.20–21).

Entonces Moisés oró en presencia de Jehová su Dios... Ahora, pues, si he hallado gracia en tus ojos, te ruego que me muestres ahora tu camino, para que te conozca, y halle gracia en tus ojos; y mira que esta gente es pueblo tuyo (Éxodo 32.11; 33.13).

Porque yo me volveré a vosotros, y os haré crecer, y os multiplicaré, y afirmaré mi pacto con vosotros (Levítico 26.9).

Porque sol y escudo es Jehová Dios; gracia y gloria dará Jehová. No quitará el bien a los que andan en integridad (Salmo 84.11).

Porque el que me halle [la sabiduría], hallará la vida, y alcanzará el favor de Jehová (Proverbios 8.35).

Así dijo Jehová: En tiempo aceptable te oí, y en el día de salvación te ayudé; y te guardaré, y te daré por pacto al pueblo (Isaías 49.8).

Y puso Dios a Daniel en gracia y en buena voluntad con el jefe de los eunucos... A estos cuatro muchachos Dios les dio conocimiento e inteligencia en todas las letras y ciencias; y Daniel tuvo entendimiento en toda visión y sueños (Daniel 1.9, 17).

Entonces el ángel le dijo: María, no temas, porque has hallado gracia delante de Dios (Lucas 1.30).

Y Jesús crecía en sabiduría y en estatura, y en gracia para con Dios y los hombres (Lucas 2.52).

Oración en contra del acoso y de las acusaciones falsas

Padre, gracias te doy porque ninguna lengua que hable en contra de mí me causará daño permanente. Mi reputación y mi vida están en tus manos. Mi esperanza está en ti, Señor; tú eres mi defensor, mi fortaleza y mi salvación. Confío que tú revelarás la verdad y derramarás favor sobre mí. Confío que tú cambiarás para bien lo que el enemigo tiene planeado para mal. Padre, te pido que hagas lo máximo para glorificar a tu Hijo mientras resuelves estas circunstancias, en nombre de Jesús, amén.

ORACIÓN POR LOS LÍDERES ESPIRITUALES

Podemos aprender mucho acerca de la guerra espiritual eficaz estudiando las narraciones de batallas en el ámbito natural. Por ejemplo, un general que prepara una estrategia superior usualmente derrota a su enemigo. La historia está repleta de ejemplos de tales estrategas de éxito. Si un general militar de alguna manera logra debilitar la determinación de los líderes de las fuerzas contrarias, su bando tiene una probabilidad mucho mayor de salir victorioso en el conflicto.

Vemos que estos principios también operan en el ámbito sobrenatural. Considere esta observación de William Gurnall:

> Dos períodos de la vida de Cristo sobresalen: el inicio de su ministerio público en su bautismo, y la culminación del mismo en su pasión. En ambos tuvo un encuentro feroz con el diablo. Esto debería darle una idea de cómo obra el tentador maestro.... Cuánto más eminente es su servicio a Dios, tanto mayor será la probabilidad de que Satanás en ese mismo momento esté preparando alguna estratagema mortal en contra de usted. Si hasta los cadetes necesitan estar armados contra las balas de tentación de Satanás, cuánto más los comandantes y los oficiales, quienes están en el frente de la batalla.[1]

Las Escrituras advierten a todos los creyentes: «Sed sobrios, y velad; porque vuestro adversario el diablo, como león rugiente, anda alrededor buscando a quien devorar» (1 Pedro 5.8). Los creyentes deben velar constantemente contra los ataques espirituales contra ellos y sus seres amados. Pero los que ocupan posiciones de liderazgo necesitan urgentemente nuestro apoyo en oración también. El doctor C. Peter Wagner advierte: «Si él [el diablo] tiene la alternativa, devorará a un líder antes que a cualquier otro. Y utilizará toda arma en su arsenal para hacerlo».[2]

El apóstol Pablo solicitó intercesión personal en sus epístolas cinco veces. La valoraba; de hecho, contaba con ella:

Pero os ruego, hermanos, por nuestro Señor Jesucristo y por el amor del Espíritu, que me ayudéis orando por mí a Dios (Romanos 15.30).

El cual [Dios] nos libró, y nos libra, y en quien esperamos que aún nos librará, de tan gran muerte; cooperando también vosotros a favor nuestro con la oración, para que por muchas personas sean dadas gracias a favor nuestro por el don concedido a nosotros por medio de muchos (2 Corintios 1.10–11).

Y [orando] por mí, a fin de que al abrir mi boca me sea dada palabra para dar a conocer con denuedo el misterio del evangelio (Efesios 6.19).

Los líderes espirituales necesitan intercesores

Debido a su alta visibilidad e influencia, los pastores y otros líderes cristianos necesitan intercesión aún más que otros miembros del cuerpo de Cristo. El enemigo fija su mira en los individuos que desempeñan liderazgo porque sabe que cuando un líder cae, esto da por resultado desilusión, confusión y división (vea Marcos 14.27). Los creyentes inmaduros podrían abandonar su fe por completo, mientras que los creyentes más maduros luchan con la falta de perdón y la amargura. Joy Dawson, quien por décadas ha enseñado principios de intercesión, escribe lo siguiente:

La responsabilidad del liderazgo trae consigo un gran privilegio y responsabilidad. Santiago 3.1 deja en claro que debido a la enorme influencia que ejercen, los maestros son juzgados por Dios con mayor severidad. Los maestros se reproducen conforme a su especie, y Dios no quiere que se multipliquen hipócritas. Sin embargo, es parte de la justicia de Dios que los líderes espirituales reciban más apoyo en oración que otros debido a sus obligaciones y responsabilidades adicionales.

Cuando percibimos que un líder espiritual ha caído en el error o no ha llenado la medida de nuestras expectativas, como regla general adoptamos el refrán: «No lo digas, sino en oración».

Hable con Aquel que puede corregir el problema, no con aquellos que podrían diseminarlo... Para que nuestras oraciones sean eficaces, deberemos tener un espíritu perdonador y un corazón amoroso.[3]

Los intercesores necesitan protección

Algunos pastores tienen dudas en cuanto a dejar que funcionen grupos de intercesión en la iglesia debido a problemas potenciales o debido a una experiencia negativa que han tenido en el pasado. Por supuesto, el enemigo buscará incitar problemas para desacreditar el valor de la intercesión. Pero un pastor sabio establecerá la oración como una prioridad importante por medio de su propio ejemplo y establecerá medidas de protección para evitar un desequilibrio, falta de sabiduría o un celo excesivo en el grupo de oración.

De vez en cuando un individuo que ora de modo egoísta o controlador, o que ora con motivos impuros se une a un grupo de intercesión. Cindy Jacobs, en su libro *Conquistemos las puertas del enemigo* describe a estas personas como «intercesores cizañosos»:

[Hay] hombres y mujeres que, por una variedad de motivos, se alejan de los principios bíblicos en su celo por la oración. Acarrean reproches para su ministerio y causan confusión y división en la iglesia... He observado que muchos aspirantes a intercesores oran según lo que les dicta su amargura y su herida. Lo que me llama la atención es que no tienen conciencia de estas condiciones del corazón. Son atraídos a la intercesión por causa de su gran poder y, subconscientemente, porque lo ven como una manera de conseguir que se haga su propia voluntad... una buena oración para que oren los intercesores es: «Señor, muéstrame mi corazón para que pueda siempre mantenerme puro delante de ti».[4]

Los misioneros y los evangelistas necesitan oración

Los misioneros y los evangelistas son líderes en virtud de las tareas que desempeñan, de modo que también necesitan nuestras oraciones. Ore que Dios envíe ángeles para cuidarlos cuando viajan (vea Salmo 91), y pida que él ponga un cerco para proteger a su familia, propiedades y posesiones.

1. Ore que el Señor envíe ángeles delante de ellos para batallar a favor de ellos (vea Salmo 78.49).

2. Ore que se frustren todos los ataques y trampas del enemigo, y que los obreros sean guardados de los lazos del enemigo mientras ellos pasan de largo de modo seguro (vea Salmo 141.9–10).

3. Ore que Dios sea su «refugio» y que los guarde «de la angustia», rodeándolos «con cánticos de liberación» (Salmo 32.7).

4. Ore que sean sensibles al Espíritu Santo y que tengan el «espíritu de sabiduría y de revelación» (Efesios 1.17).

5. Ore que la Palabra de Dios penetre como espada de dos filos, juzgando los pensamientos y las intenciones de los corazones de los que la escuchan (vea Hebreos 4.12).

6. Ore que los obreros estén ungidos y que sean enviados «a predicar las buenas nuevas a los abatidos, a vendar a los quebrantados de corazón, a publicar libertad a los cautivos, y a los presos apertura de la cárcel» (Isaías 61.1).

7. Ore que la Palabra caiga en corazones abiertos a oír y obedecer al Señor (vea Lucas 8.15), y que el enemigo no quite la Palabra después de haber sido sembrada (vea Lucas 8.12).

Los líderes son blancos vulnerables

Los medios de comunicación se deleitan en reportar de presuntos escándalos y fracasos en las vidas de ministros y televangelistas prominentes. Además, probablemente todos los individuos que leen este libro conocen personalmente a uno o más líderes espirituales que han caído en la trampa de fracaso moral tendida por el enemigo. En particular, cuando un líder sufre una caída, el guerrero espiritual diligente deberá continuar orando por ese individuo y por todas las personas afectadas por esa tragedia.

Enseguida después de tal fracaso, el diablo obra en los que se sienten heridos, traicionados o desilusionados, tentándolos a ceder al cinismo y la amargura. Pero el verdadero intercesor se pone en la brecha contra los intentos de Satanás de destruir la fe de los que han quedado heridos. La persona también alzará un clamor a Dios por la restauración del líder caído. No importa lo devastadora que parezca ser la situación, el guerrero de oración persistente afirma que Dios puede cambiar para bien lo que el diablo pensó para mal (vea Génesis 50.20).

Otras secciones de este libro—en particular el capítulo 24, «Batallando contra el engaño», brindan pautas y versículos bíblicos para orar por líderes. Utilice la espada del Espíritu y las armas de la sangre de Jesús y la alabanza para resistir los ataques de Satanás en contra de los que ocupan posiciones de autoridad espiritual.

Samuel era un intercesor poderoso

El profeta Samuel es un ejemplo de un intercesor que oraba por una nación y por su líder. En una ocasión los israelitas escucharon que los filisteos se habían reunido y que iban a atacarlos. Rogaron a Samuel: «No ceses de clamar por nosotros a Jehová nuestro Dios, para que nos guarde de la mano de los filisteos» (1 Samuel 7.8).

Posteriormente, Israel demandó—en contra del plan de Dios—que Samuel les ungiese un rey que gobernara sobre ellos. El profeta sabía que este pecado de rebelión significaba un problema, pero sabiamente les informó: «Así que, lejos sea de mí que peque yo contra Jehová cesando de rogar por vosotros; antes os instruiré en el camino bueno y recto» (1 Samuel 12.23).

En otra ocasión, Samuel agonizaba por la desobediencia de Saúl: «Se fue luego Samuel a Ramá, y Saúl subió a su casa en Gabaa de Saúl. Y nunca después vio Samuel a Saúl en toda su vida; y Samuel lloraba a Saúl; y Jehová se arrepentía de haber puesto a Saúl por rey sobre Israel» (1 Samuel 15.34–35). Samuel oró fielmente por este líder caído, aun cuando Saúl se negó a atenerse a las advertencias del profeta o a arrepentirse de su pecado.

Escrituras

Y vino palabra de Jehová a Samuel, diciendo: Me pesa haber puesto por rey a Saúl, porque se ha vuelto de en pos de mí, y no ha cumplido mis palabras. Y se apesadumbró Samuel, y clamó a Jehová toda aquella noche (1 Samuel 15.10–11).

Sea mi corazón íntegro en tus estatutos, para que no sea yo avergonzado (Salmo 119.80).

El que en integridad camina será salvo; mas el de perversos caminos caerá en alguno (Proverbios 28.18).

Orando en todo tiempo con toda oración y súplica en el Espíritu, y velando en ello con toda perseverancia y súplica por todos los santos (Efesios 6.18).

Doy gracias a mi Dios siempre que me acuerdo de vosotros, siempre en todas mis oraciones rogando con gozo por todos vosotros, por vuestra comunión en el evangelio, desde el primer día hasta ahora; estando persuadido de esto, que el que comenzó en vosotros la buena obra, la perfeccionará hasta el día de Jesucristo (Filipenses 1.3–6).

Damos siempre gracias a Dios por todos vosotros, haciendo memoria de vosotros en nuestras oraciones (1 Tesalonicenses 1.2).

Para que sean afirmados vuestros corazones, irreprensibles en santidad delante de Dios nuestro Padre, en la venida de nuestro Señor Jesucristo con todos sus santos (1 Tesalonicenses 3.13).

Y el mismo Dios de paz os santifique por completo; y todo vuestro ser, espíritu, alma y cuerpo, sea guardado irreprensible para la venida de nuestro Señor Jesucristo (1 Tesalonicenses 5.23).

El [anciano] que fuere irreprensible, marido de una sola mujer, y tenga hijos creyentes que no estén acusados de disolución ni de rebeldía. Porque es necesario que el obispo sea irreprensible, como administrador de Dios; no soberbio, no iracundo, no dado al vino, no pendenciero, no codicioso de ganancias deshonestas (Tito 1.6–7).

Doy gracias a mi Dios, haciendo siempre memoria de ti en mis oraciones, porque oigo del amor y de la fe que tienes hacia el Señor Jesús, y para con todos los santos; para que la participación de tu fe sea eficaz en el conocimiento de todo el bien que está en vosotros por Cristo Jesús (Filemón 4–6).

Por lo cual, oh amados, estando en espera de estas cosas, procurad con diligencia ser hallados por él sin mancha e irreprensibles, en paz (2 Pedro 3.14).

Oración por un pastor

En su libro *Preyed On or Prayed For* [Acosado o recibiendo intercesión], el doctor Terry Tekyl sugiere varias maneras en las cuales orar por los líderes espirituales. Esta es su idea de usar el Salmo 23 para orar por su pastor:

Jehová es el pastor de mi pastor, nada le faltará.
Tú, Señor, junto a aguas de reposo lo pastorearás.
Restaura la energía de mi pastor.
Guía a mi pastor por sendas de justicia por amor de tu nombre.
No permitas que el temor lo invada. Infúndele aliento
y unge su cabeza, y que la copa de mi pastor rebose.
Y Señor, como iglesia estamos de acuerdo que el bien
y la misericordia seguirán a nuestro pastor a todas partes
y que morará por siempre en tu presencia. Amén.[5]

MOVILIZACIÓN DE GRUPOS
DE ORACIÓN

En los tiempos antiguos, los soldados servían como atalayas en el muro. La guarda de la ciudad era absolutamente esencial para la seguridad de los habitantes. Estos soldados eran el «sistema de primer aviso» para los ejércitos de aquella época.

Los intercesores de hoy sirven como el equivalente moderno de los atalayas. En el ámbito espiritual, sirven como sistema de radar para el cuerpo de Cristo. En las filas de las congregaciones de las iglesias, los intercesores se están movilizando para formar grupos de oración en números cada vez mayores. Se reúnen para orar por sus líderes, por la congregación, por la comunidad y por lo que hay en el corazón de Dios cuando se reúnen.

Los atalayas deben estar atentos mentalmente, ser observadores y velar. Guardan, protegen y permanecen atentos a las artimañas que pone el enemigo para distraerlos o para advertir a otros de lo que está sucediendo. Se mantienen examinando constantemente durante su jornada, o turno asignado. En los tiempos bíblicos los atalayas no sólo se colocaban en el muro de la ciudad sino también en torres vigía—ubicadas ya sea en un campo o en un viñedo. Jamie Buckingham establece una comparación paralela de esas torres con nuestra propia situación:

> La torre vigía era algo común en los días de Jesús. Se construía de piedras tomadas de un campo y se ubicaba en medio de un campo o viñedo... Por las noches, los atalayas tomaban turnos durante varias «vigilias» de la noche para vigilar el campo—protegiéndolo de los zorros, osos y ladrones.
>
> En el Antiguo Testamento estas torres eran utilizadas por atalayas militares. Los soldados observaban para detectar a filisteos, bandas feroces de renegados que esperaban a que los

cultivos estuvieran maduros y descendían a cosechar lo que otro había cultivado...

Usted podrá pensar que su pequeño campo no es muy importante. Pero Dios le ha colocado en su campo como atalaya. Cada uno de nosotros tiene una esfera de influencia. La mayoría de nosotros no nos percatamos de ello, pero nuestra influencia es mucho mayor de lo que imaginamos—y continuará a través de generaciones venideras, para bien o para mal. Es una responsabilidad maravillosa—y algunas veces atemorizante—, pero definitivamente maravillosa. No obstante, recuerde que nunca está solo en su torre vigía. Jesús siempre está con usted y su Espíritu le susurrará lo que necesita decir y hacer.[1]

Ocupe su posición de atalaya en la torre donde Dios lo ha colocado, con la confianza de que mientras enfoca su confianza en él, Dios dirigirá su intercesión a fin de que dé en el blanco.

Pautas para movilizar grupos de oración

Reunir grupos de intercesores para orar con un mismo sentir por una esfera particular de responsabilidad es una forma poderosa de influir sobre familias, congregaciones, vecindarios, ciudades y regiones enteras.[2] Sabemos de una iglesia que cuenta con más de 20 grupos de oración, cada uno de ellos con una asignación especial de oración. Estos grupos oran por el pastor principal, los otros pastores, los ministerios de niños y jóvenes, los esfuerzos evangelísticos, los misioneros apoyados por la iglesia, los pueblos no alcanzados, la escuela cristiana de la iglesia y muchas otras esferas de ministerio. Una vez al mes, un líder de oración convoca a voluntarios para orar mientras se recorre a pie un área específica de la comunidad.

Para que un esfuerzo de oración semejante funcione bien, un pastor de oración o individuo designado para ello deberá coordinar la planificación de los diversos grupos de oración y comunicarse regularmente con los líderes. ¿Cómo se puede identificar a un buen líder? Estas son algunas de las características clave que deben buscarse:

- Un espíritu que anhela aprender y una disposición de servir
- La capacidad de trabajar bien con otros
- Un celo por la oración y compasión por los perdidos
- Disposición y medios de comunicarse eficazmente

- Discernimiento y sensibilidad hacia otros
- La capacidad de inspirar y guiar a otros sin ser controlador

Recomendamos las pautas siguientes para el individuo que tome la responsabilidad de guiar una sesión o grupo de oración:

- Prepárese en oración y lectura de las Escrituras antes de la reunión.

- Pídale al Señor que le revele la oración que Él tiene en su corazón para esa sesión. Es bueno preparar puntos de oración de antemano, pero también es importante ser sensible a la guía del Espíritu Santo.

- Esté abierto a una variedad de maneras en las cuales expresar la oración. Esto puede incluir peticiones, orar las Escrituras, proclamaciones, alabanza y adoración, arrepentimiento en nombre de una persona o grupo por el cual se intercede, imponerle las manos a una persona en el grupo que necesita oración, o elevar oraciones en las que todos se ponen de acuerdo para orar por individuos que necesitan oración pero que no se encuentran presentes.

- Pida a los participantes que estén de acuerdo con el que esté orando en un momento particular, mientras que permanecen sensibles a la guía de Dios en cuanto al desarrollo general de la reunión. Cuando se percibe que el Señor está dirigiendo a cambiar a un enfoque de oración distinto, avísele al grupo que es momento de hacer dicho cambio.

- Aliente la participación de todos los que se sientan guiados a hablar o a orar en voz alta, pero resalte la necesidad de dar tiempo a que otros participen también. Si alguno del grupo se siente reacio a orar en voz alta, inclúyalo por medio de pedirle que lea una porción de las Escrituras o que comparta lo que hay en su corazón.

- Esfuércese por iniciar y concluir la reunión a tiempo para estimular la puntualidad. Si algunos desean quedarse y continuar orando después de la hora usual de clausura, indique que hay un receso para que los que tienen que salir puedan hacerlo cómodamente.

Llamado a que la iglesia ore

Una vez que un grupo de oración intercesora está funcionando dentro de una iglesia, por lo general toda la congregación se hace más consciente de la importancia de la oración. Por medio de proveer pautas específicas de oración cada mes, todos pueden enfocarse en las mismas necesidades de oración y usualmente se observan resultados mayores. He aquí un ejemplo:

Por la iglesia

1. Continúe buscando una posición en la cual pueda escuchar la voz de Dios (vea Salmo 85.8). Ore por avances en las áreas siguientes:

   - Fortalecimiento de matrimonios y familias
   - Provisión y favor para los que están buscando empleo
   - Que los solteros puedan aprovechar a plenitud las oportunidades de trabajar en el reino de Dios
   - Sanidad y un cerco de protección física alrededor de los miembros de la iglesia
   - Aliento y cuidado de nuestros miembros mayores

2. Ore por los misioneros que nuestra iglesia apoya—en especial por protección para los que laboran en naciones hostiles y que tienen problemas para mantener sus visas.

Por el país

Ore que los líderes de nuestro gobierno tomen decisiones piadosas en las siguientes esferas (vea 1 Timoteo 2.1–4):

   - Leyes en cuanto al matrimonio y otros asuntos que afectan la estabilidad de las familias
   - Asuntos en cuanto al aborto
   - La selección de libros de texto en las escuelas públicas
   - Libertad para expresar la fe en entornos públicos

Por asuntos internacionales

1. Ore por la nación de Israel (vea Zacarías 2.8; Romanos 10.1; 11.26). Ore pidiendo que los creyentes que viven allí tengan una influencia mayor sobre la vida de la nación, y que los líderes mesiánicos se unan.

2. Ore por zonas del mundo en donde las personas enfrentan hambre, guerra civil, dictadores brutales, violencia o persecución contra cristianos.

Escrituras

Entonces... escogió Josué treinta mil hombres fuertes, los cuales envió de noche. Y les mandó, diciendo: Atended, pondréis emboscada a la ciudad detrás de ella; no os alejaréis mucho de la ciudad, y estaréis todos dispuestos (Josué 8.3–4).

Inclina, oh Jehová, tu oído, y oye... las palabras de Senaquerib, que ha enviado a blasfemar al Dios viviente... Ahora, pues, oh Jehová Dios nuestro, sálvanos, te ruego, de su mano, para que sepan todos los reinos de la tierra que sólo tú, Jehová, eres Dios (2 Reyes 19.16, 19).

Y se reunieron los de Judá para pedir socorro a Jehová; y también de todas las ciudades de Judá vinieron a pedir ayuda a Jehová. Entonces Josafat se puso en pie en la asamblea de Judá y de Jerusalén, en la casa de Jehová, delante del atrio nuevo, y dijo:... Porque en nosotros no hay fuerza contra tan grande multitud que viene contra nosotros; no sabemos qué hacer, y a ti volvemos nuestros ojos (2 Crónicas 20.4–5, 12).

El deseo de los humildes oíste, oh Jehová; tú dispones su corazón, y haces atento tu oído (Salmo 10.17).

Te haré entender, y te enseñaré el camino en que debes andar; sobre ti fijaré mis ojos (Salmo 32.8).

Sobre tus muros, oh Jerusalén, he puesto guardas; todo el día y toda la noche no callarán jamás. Los que os acordáis de Jehová, no reposéis, ni le deis tregua, hasta que restablezca a Jerusalén, y la ponga por alabanza en la tierra (Isaías 62.6–7).

Pero si el atalaya viere venir la espada y no tocare la trompeta, y el pueblo no se apercibiere, y viniendo la espada, hiriere de él a alguno, éste fue tomado por causa de su pecado, pero demandaré su sangre de mano del atalaya. A ti, pues, hijo de hombre, te he puesto por atalaya a la casa de Israel, y oirás la palabra de mi boca, y los amonestarás de mi parte (Ezequiel 33.6–7).

Mirad entre las naciones, y ved, y asombraos; porque haré una obra en vuestros días, que aun cuando se os contare, no la creeréis (Habacuc 1.5).

Sobre mi guarda estaré, y sobre la fortaleza afirmaré el pie, y velaré para ver lo que se me dirá, y qué he de responder tocante a mi queja (Habacuc 2.1).

Entonces acamparé alrededor de mi casa como un guarda, para que ninguno vaya ni venga, y no pasará más sobre ellos el opresor; porque ahora miraré con mis ojos (Zacarías 9.8).

Guardaos de los falsos profetas, que vienen a vosotros con vestidos de ovejas, pero por dentro son lobos rapaces (Mateo 7.15).

Velad, pues, porque no sabéis a qué hora ha de venir vuestro Señor. Pero sabed esto, que si el padre de familia supiese a qué hora el ladrón habría de venir, velaría, y no dejaría minar su casa (Mateo 24.42–43).

Y lo que a vosotros digo, a todos lo digo: Velad (Marcos 13.37).

Vino luego y los halló durmiendo; y dijo a Pedro: Simón, ¿duermes? ¿No has podido velar una hora? Velad y orad, para que no entréis en tentación; el espíritu a la verdad está dispuesto, pero la carne es débil (Marcos 14.37–38).

Y aunque venga a la segunda vigilia, y aunque venga a la tercera vigilia, si los hallare así, bienaventurados son aquellos siervos (Lucas 12.38).

Por tanto, no durmamos como los demás, sino velemos y seamos sobrios (1 Tesalonicenses 5.6).

Oración

*Padre Dios, por favor conéctame con el grupo de oración adecuado
o dame una dirección clara y confirmación, si es tu voluntad que
yo organice un grupo de oración. Ayúdame a hacer de la oración
y de la intercesión una prioridad mayor a medida que me vínculo
con otros intercesores. Mantennos alerta y espiritualmente atentos para orar
conforme a lo que hay en tu corazón. Ayúdanos a ser atalayas apercibidos,
listos para orar en todo momento en que el Espíritu Santo nos lo indique.
Señor, glorifícate a través de nosotros y ayúdanos a ser fieles para ponernos
en la brecha, en el nombre de Jesús, amén.*

ORACIÓN POR SU VECINDARIO, SU CIUDAD Y SU NACIÓN

Desde el momento que llamó a Abraham y le prometió hacer una nación para Él, Dios se propuso que su pueblo fuese un medio de bendecir a otras naciones de la tierra. Observe estos versículos:

> ...habiendo de ser Abraham una nación grande y fuerte, y habiendo de ser benditas en él todas las naciones de la tierra (Génesis 18.18).

> Y procurad la paz de la ciudad a la cual os hice transportar, y rogad por ella a Jehová; porque en su paz tendréis vosotros paz... Porque yo sé los pensamientos que tengo acerca de vosotros, dice Jehová, pensamientos de paz, y no de mal, para daros el fin que esperáis (Jeremías 29.7, 11).

Dios nos exhorta a todos a orar por la paz y la prosperidad de la ciudad y región en donde vivimos. También dirige a intercesores individuales a orar por ciudades y naciones donde nunca han pisado las plantas de nuestros pies, puesto que en oración podemos «poseer la tierra» a fin de que se cumplan los propósitos de Dios y se proclame el evangelio en esas regiones.

Hay que enfrascarse en guerra espiritual para derribar fortalezas de engaño e incredulidad a fin de que los pueblos escuchen y respondan al evangelio—este es un elemento esencial del evangelismo. El apóstol Pablo escribió: «Pero si nuestro evangelio está aún encubierto, entre los que se pierden está encubierto; en los cuales el dios de este siglo cegó el entendimiento de los incrédulos, para que no les resplandezca la luz del evangelio de la gloria de Cristo» (2 Corintios 4.3–4). ¡Por esto es que se necesitan intercesores que se pongan en la brecha!

Orando por su vecindario

En su libro *Caminata en oración*, Steve Hawthorne y Graham Kendrick escriben:

> Las caminatas en oración son lo que dicen ser: caminar mientras se ora... La caminata en oración es orar en el lugar. Esto significa orar en los mismos sitios donde uno espera recibir la respuesta a sus oraciones... [Caminar] ayuda a desarrollar una sensibilidad de las realidades de la comunidad. Los sonidos, las vistas, los olores, lejos de distraerle de su oración, ocupan tanto el cuerpo como la mente en el arte de orar. Una mejor percepción produce una fuerte intercesión... Al pasar con regularidad por las calles de sus ciudades, los caminantes pueden demostrar su fácil disponibilidad a los vecinos. Tal parece que la caminata crea oportunidades de ayudar u orar por nuevos vecinos en el momento preciso, en los tiempos exactos de gran necesidad.[1]

Hace años, una intercesora en Carolina del Norte empezó a caminar orando por su vecindario, y luego organizó «tríos de oración»—tres personas que oraban juntas por su vecindario y comunidad. Ella alienta a las mujeres a interceder diariamente por sus vecindarios, y a orar pidiendo que Dios levante un movimiento de oración en cada vecindario. Ella toma literalmente el mandamiento que Jesús dio: «Amarás a tu prójimo como a ti mismo» (Mateo 19.19, Marcos 12.31, Lucas 10.27), y la exhortación: «para que anunciéis las virtudes de aquel que os llamó de las tinieblas a su luz admirable» (1 Pedro 2.9).

Mientras camina por su calle, ella como hábito proclama las Escrituras: «Señor, invitamos al Rey de gloria a entrar. Ven y trae tu gloria a este vecindario. Derrama tu bendición sobre las familias de aquí».

Cuando usted empieza a orar por su propio vecindario, sin duda el Espíritu Santo lo guiará a ciertos versículos que deberá orar y proclamar para sus vecinos. Esté abierto a las oportunidades que surjan de interactuar con las personas que conozca, y comuníqueles que está orando por ellas. Algunas personas se ofenden por alguien que testifica de una manera que a ellas les parece muy agresiva, pero pocas son las que se molestan cuando se enteran de que un amigo se preocupa lo suficiente como para orar por ellas.

Transformando comunidades

Una pareja que deseaba que cesaran los asesinatos misteriosos que estaban sucediendo en su pequeño pueblo sureño decidió hacer algo para ponerle fin a la furia del enemigo. Con la aprobación del Departamento de Policía y del Consejo Municipal, establecieron un grupo de vigilantes del vecindario por medio de invitar a personas de noventa hogares cerca de ellos a que asistieran a una reunión inicial. Luego se nombraron a ocho capitanes de manzanas, la mayoría de los cuales eran cristianos.

Los vecinos empezaron a estar atentos a la presencia de extraños o de actividades sospechosas. Muchos capitanes de manzana guiaron a sus grupos en oración por el vecindario. Luego de tres años de vigilancia cercana, informaron sobre los resultados. Sólo había ocurrido un asesinato (y sucedió en otra parte del pueblo), los niños ahora sentían que podían volver a jugar en el parque con seguridad, las residencias habían sido mejoradas y las mujeres que ahora habían desarrollado una amistad más cercana oraban juntas con regularidad.

«Muchos vecindarios en nuestra nación celebran fiestas de vecindario al menos una vez al año, en donde los vecinos se reúnen para conocerse mejor», indicó la esposa. «Pero imagínense los poderosos resultados que habría si más de ellos se reunieran para orar por su vecindario o unos por otros. Lo que el enemigo planeó para mal en nuestro vecindario, Dios lo ha cambiado para bien».

¿Realmente es posible que Cristo transforme nuestras comunidades si oramos por cada vecino y cada vecindario diariamente? Los creyentes de numerosas iglesias en una ciudad del occidente decidieron hacer eso una primavera. La meta era que cada participante o pareja pidiera en oración bendiciones para cinco de sus vecinos y que estuviera disponible para ellos cuando fuera necesario. Esto fue lo que acordaron orar:

Cinco bendiciones para
Cinco vecinos orando
Cinco minutos por día, durante
Cinco días a la semana, por
Cinco semanas.[2]

Cada miembro de las congregaciones dispuesto a participar tomaba una hoja de instrucciones que ofrecía las sugerencias siguientes: «Ore por cinco vecinos específicos durante su tiempo regular de oración. Jesús describió al vecino o prójimo como alguien que se encuentra en su camino y que necesita su ayuda. Las cinco maneras importantes de orar por sus vecinos que sugerían son las siguientes:

Salud, protección, fuerza
Trabajo, ingresos, seguridad
Gozo, paz, esperanza
Su matrimonio, familia, amistades
Salvación, fe, gracia.[3]

Muchas de estas congregaciones no cesaron después de las cinco semanas iniciales, sino que continuaron orando por años. Ahora indican que han ocurrido cambios significativos en las vidas y circunstancias de algunos de los individuos por quienes oraron.

Trazado de mapas espirituales

«Trazar mapas espirituales» es un concepto que significa registrar, o trazarse un mapa, de la condición espiritual de un territorio. Dios una vez mandó al profeta Ezequiel:

Tú, hijo de hombre, tómate un adobe, y ponlo delante de ti, y diseña sobre él la ciudad de Jerusalén. Y pondrás contra ella sitio, y edificarás contra ella fortaleza, y sacarás contra ella baluarte, y pondrás delante de ella campamento, y colocarás contra ella arietes alrededor. Tómate también una plancha de hierro, y ponla en lugar de muro de hierro entre ti y la ciudad; afirmarás luego tu rostro contra ella, y será en lugar de cerco, y la sitiarás. Es señal a la casa de Israel (Ezequiel 4.1–3).

Los intercesores expertos interpretan que este pasaje significa que Ezequiel debía participar en una táctica de guerra espiritual por medio de orar por la ciudad—no irse a la guerra contra ella, sino demostrando cómo Jerusalén sería sitiada si el pueblo ignoraba las advertencias que Dios enviaba a través del profeta.

Los que creen en trazar un mapa espiritual frecuentemente hacen una investigación histórica sobre una zona de interés dada, buscando pistas que revelen las incursiones que Satanás ha hecho para infiltrarse en ese territorio. También estudian la historia del cristianismo en un esfuerzo por edificar sobre lo que iniciaron los antepasados en la fe, especialmente durante épocas de avivamiento. También pueden orar sobre mapas de la zona o caminar por sus calles en grupos de oración, luego de una orientación y preparación adecuadas.

Estudie el pasado de una ciudad

John Dawson, en *La reconquista de tu ciudad*, habla acerca de estudiar o investigar el pasado de la ciudad particular en donde vive. Estos son principios que pueden aplicarse a ciudades o naciones en cualquier parte del mundo. Observe las preguntas relevantes:

¿Conoce usted su ciudad? Debiera tener el censo en una mano y la Biblia en la otra. ¿Qué porcentaje de gente asiste realmente a la iglesia? ¿Cuántas personas viven en la pobreza? ¿Por qué están en la pobreza? ¿Hay subculturas, grupos étnicos, cambios en la economía, una población envejeciendo? ¿Qué está pasando realmente? Usted necesita saberlo si quiere ayudar a liberar a su ciudad de la dominación espiritual del mal.

Primero, obtenga un plano de la ciudad. Estúdielo cuidadosamente. Vea si puede identificar los lugares donde vive la mayor concentración de ancianos, de personas que no poseen casa, de estudiantes, de niños, etc. ¿Qué subculturas son las más receptivas al evangelio en comparación a otras? ¿Por qué? ¿Cuáles son las necesidades de la gente de la ciudad?... Hay partes de la ciudad que pudieran variar grandemente en cuanto a cultura, a niveles de crimen y a riqueza...

Lo que investigue depende de sus metas. Un pastor que quiera plantar una iglesia y un evangelista que hace planes para una cruzada necesitarán información y estadísticas muy específicas. No obstante, todos nosotros somos llamados al ministerio de la intercesión.[4]

Un hombre recto se presentó delante de Dios e intercedió por la malvada ciudad de Sodoma (Génesis 18.16–33). Abraham le preguntó a Dios si detendría el juicio sobre Sodoma si encontrara a 50 justos dentro de la ciudad? Dios le dijo que sí. ¿Y si fueran sólo 45? Sí. ¿Y si sólo 40, 30, 20? Finalmente, ¿si hubiera sólo 10? Dios estaba dispuesto a perdonarla, pero la ciudad fue destrozada debido a su maldad. ¿Pero quién puede decir si la ciudad hubiera sido perdonada si Abraham hubiera continuado intercediendo por ella? ¡Quiera Dios que nosotros nunca abandonemos el deber de orar por nuestro vecindario, ciudad y nación!

Escrituras

Dijo más Jehová a Moisés: Yo he visto a este pueblo, que por cierto es pueblo de dura cerviz. Ahora, pues, déjame que se encienda mi ira en ellos, y los consuma; y de ti yo haré una nación grande. Entonces Moisés oró en presencia de Jehová su Dios, y dijo: Oh Jehová, ¿por qué se encenderá tu furor contra tu pueblo, que tú sacaste de la tierra de Egipto con gran poder y con mano fuerte? ... Vuélvete del ardor de tu ira, y arrepiéntete de este mal contra tu pueblo. Acuérdate de Abraham, de Isaac y de Israel tus siervos, a los cuales has jurado por ti mismo, y les has dicho: Yo multiplicaré vuestra descendencia como las estrellas del cielo; y daré a vuestra descendencia toda esta tierra de que he hablado, y la tomarán por heredad para siempre. Entonces Jehová se arrepintió del mal que dijo que había de hacer a su pueblo (Éxodo 32.9–14).

Si se humillare mi pueblo, sobre el cual mi nombre es invocado, y oraren, y buscaren mi rostro, y se convirtieren de sus malos caminos; entonces yo oiré desde los cielos, y perdonaré sus pecados, y sanaré su tierra (2 Crónicas 7.14).

Pídeme, y te daré por herencia las naciones, y como posesión tuya los confines de la tierra (Salmo 2.8).

Jehová hace nulo el consejo de las naciones, y frustra las maquinaciones de los pueblos (Salmo 33.10).

Te alabaré entre los pueblos, oh Señor; cantaré de ti entre las naciones. Porque grande es hasta los cielos tu misericordia, y hasta las nubes tu verdad. Exaltado seas sobre los cielos, oh Dios; sobre toda la tierra sea tu gloria (Salmo 57.9–11).

Dios tenga misericordia de nosotros... para que sea conocido en la tierra tu camino, en todas las naciones tu salvación. Te alaben los pueblos, oh Dios; todos los pueblos te alaben. Alégrense y gócense las naciones, porque juzgarás los pueblos con equidad, y pastorearás las naciones en la tierra (Salmo 67.1–4).

¡Ay de los que descienden a Egipto por ayuda, y confían en caballos; y su esperanza ponen en carros, porque son muchos, y en

jinetes, porque son valientes; y no miran al Santo de Israel, ni
buscan a Jehová! ... Y los egipcios hombres son, y no Dios; y sus
caballos carne, y no espíritu...Los pueblos huyeron a la voz del
estruendo; las naciones fueron esparcidas al levantarte tú (Isaías
31.1–3; 33.3).

Mirad a mí, y sed salvos, todos los términos de la tierra, porque
yo soy Dios, y no hay más. Por mí mismo hice juramento, de
mi boca salió palabra en justicia, y no será revocada: Que a mí
se doblará toda rodilla, y jurará toda lengua. Y se dirá de mí:
Ciertamente en Jehová está la justicia y la fuerza; a él vendrán, y
todos los que contra él se enardecen serán avergonzados (Isaías
45.22–24).

Mira que te he puesto en este día sobre naciones y sobre reinos,
para arrancar y para destruir, para arruinar y para derribar, para
edificar y para plantar (Jeremías 1.10).

Vendrán muchas naciones, y dirán: Venid, y subamos al monte
de Jehová, y a la casa del Dios de Jacob; y nos enseñará en sus
caminos, y andaremos por sus veredas; porque de Sion saldrá la
ley, y de Jerusalén la palabra de Jehová. Y él juzgará entre muchos
pueblos, y corregirá a naciones poderosas hasta muy lejos; y mar-
tillarán sus espadas para azadones, y sus lanzas para hoces; no
alzará espada nación contra nación, ni se ensayarán más para la
guerra (Miqueas 4.2–3).

Oh Jehová, he oído tu palabra, y temí. Oh Jehová, aviva tu obra
en medio de los tiempos, en medio de los tiempos hazla conocer;
en la ira acuérdate de la misericordia (Habacuc 3.2).

Porque desde donde el sol nace hasta donde se pone, es grande
mi nombre entre las naciones; y en todo lugar... porque grande es
mi nombre entre las naciones, dice Jehová de los ejércitos (Malaquías 1.11).

Desde los días de vuestros padres os habéis apartado de mis leyes,
y no las guardasteis. Volveos a mí, y yo me volveré a vosotros, ha
dicho Jehová de los ejércitos (Malaquías 3.7).

Por lo cual Dios también le exaltó [a Cristo] hasta lo sumo, y le dio un nombre que es sobre todo nombre, para que en el nombre de Jesús se doble toda rodilla de los que están en los cielos, y en la tierra, y debajo de la tierra; y toda lengua confiese que Jesucristo es el Señor, para gloria de Dios Padre (Filipenses 2.9–11).

¿Quién no te temerá, oh Señor, y glorificará tu nombre? pues sólo tú eres santo; por lo cual todas las naciones vendrán y te adorarán, porque tus juicios se han manifestado (Apocalipsis 15.4).

Oración de arrepentimiento por una región

*Señor, nos arrepentimos delante de ti por la manera en que el pueblo
de nuestra [ciudad, estado o nación] se ha desviado de tu Palabra
y ha quebrantado tus mandamientos. Realmente estamos acongojados
y pedimos tu misericordia y perdón. Ayúdanos a purificar nuestros corazones,
abandonar nuestros caminos perversos y andar en tu camino.
Que nuestra nación te honre y declare con denuedo:
«En Dios esperamos». Te pedimos esto en el nombre de nuestro
Salvador, Jesucristo, amén.*

Oración por la protección de nuestra nación

*Padre Dios, te pedimos que guardes las fronteras y puntos de entrada
a nuestra nación, nuestras vías acuáticas, canales de navegación,
puertos y puentes, cruces fronterizos y sistemas de transporte;
que guardes nuestras escuelas, universidades, bibliotecas y estadios;
nuestros hospitales e instituciones médicas, nuestros edificios públicos,
complejos comerciales, instituciones bancarias y sistema de correos,
nuestras plantas eléctricas y de energía nuclear, nuestros centros de distribución
de gas y petróleo; nuestras bases militares, nuestras ciudades densamente pobladas,
la capital de nuestra nación, nuestras iglesias y sinagogas.
Pedimos protección por nuestro presidente y sus asesores, y por el congreso,
los jueces, los agentes de policía y el personal de seguridad,
y todos los que ocupan posiciones de autoridad.
Señor, descubre toda trama o ataques planeados contra nuestra
nación para que sean rápidamente expuestos y desmantelados.
Ayúdanos a ser sensibles al llamado del Espíritu Santo a interceder
cuando se necesita oración. Gracias de antemano, Señor, por tu escudo protector sobre
nosotros, en el nombre de Jesús, amén.*

Oración por una elección

*Amado Dios, ahora que nuestros ciudadanos ejercen su derecho
y responsabilidad de votar en estas elecciones, danos sabiduría
y discernimiento en las decisiones que tomemos.
Pedimos que hombres y mujeres de buena moral y temerosos de Dios
hallen favor en las campañas locales, estatales y nacionales,
y que sean electos a puestos públicos. Señor, muéstranos tu voluntad
en cuanto a los individuos y asuntos presentados en las papeletas de votación.
Oramos que se revele la verdad, y que quede al descubierto la corrupción,
inmoralidad, agendas ocultas o intereses especiales.
Señor, que estas elecciones se desarrollen de modo pacífico
según los ciudadanos aptos de nuestra comunidad votan,
y los que trabajan en las mesas de votación desempeñan
sus obligaciones con honestidad y excelencia. Gracias,
Señor, por las libertades que nos has concedido en esta nación. Amén.*

EPÍLOGO

La guerra espiritual es valiosa y eficaz a nivel personal. Da resultado para usted, sus hijos y su hogar. Pero el plan de Dios es mucho mayor. ¡Es mundial!

Como hemos visto a través de este libro, aunque la victoria decisiva de Cristo sobre Satanás es completa, es necesario que hagamos nuestra parte para hacer cumplir esa victoria a través de la oración y la guerra espiritual.

Cada uno de nosotros tiene una esfera de influencia específica y un grupo de amigos que nadie más tiene. Dios los ha puesto en nuestro camino para sus propósitos divinos, uno de los cuales es que oremos los unos por los otros y por la región donde vivimos.

Pida a Dios que le muestre su responsabilidad de oración, ¡y no desmaye! La única forma en la que perdemos la batalla es si cesamos. En momentos de cansancio y desánimo, es necesario que nos volvamos a enfocar en nuestro comandante, Jesucristo, y que obtengamos fuerzas de él. ¡Él es un guerrero poderoso!

En Dios haremos proezas,
y él hollará a nuestros enemigos.
SALMO 108.13

NOTAS

Capítulo 1: Vistiendo la armadura

1. E. M. Bounds, *Winning the Invisible War* (Springdale, PA: Whitaker House, 1984), p. 24.
2. R. Arthur Mathews, *Born for Battle: 31 Studies on Spiritual Warfare* (Robesonia, PA: OMF Books, 1978), p. 54.
3. William Gurnall, *The Christian in Complete Armour*, vol. 1, edición condensada por Ruthanne Garlock, et al. (Carlisle, PA: Banner of Truth Trust, 1986), pp. 59, 65, 82.

Capítulo 2: Tomando autoridad en el nombre de Jesús

1. W. E. Vine, *Diccionario expositivo de palabras del Antiguo y Nuevo Testamento exhaustivo de Vine* (Nashville: Grupo Nelson, 1998), p. 102.
2. Dean Sherman, *Spiritual Warfare for Every Christian: How to Live in Victory and Retake the Land* (Seattle,WA: Frontline Communications, 1990), p. 111 [*Guerra espiritual: Como vivir en victoria y reconquistar la tierra* (Seattle, WA: Editorial JUCUM, 2006)]. Usado con permiso del autor.
3. Ibid., p. 123.
4. J. Oswald Sanders, *Effective Prayer* (Singapore: OMF Books, 1961), p. 19.

Capítulo 3: El poder de la sangre de Jesús

1. G. Campbell Morgan, *The Teaching of Christ* (Old Tappan, NJ: Fleming H. Revell, 1913), p. 254.
2. H. A. Maxwell Whyte, *The Power of the Blood* (Springdale, PA: Whitaker House, 1973), pp. 44, 78.
3. Mathews, *Born for Battle*, p. 63.

Capítulo 4: El poder de la Palabra de Dios

1. Gurnall, *The Christian in Complete Armour*, vol. 3 (1989), pp. 244, 245, 247.
2. Roy Hicks, Sr., "Confesión de fe", en *La Biblia Plenitud* (Nashville: Grupo Nelson, 1994), p. 1627.

Capítulo 5: La alabanza como arma

1. Jack R. Taylor, *The Hallelujah Factor* (Nashville, TN: Broadman, 1983), pp. 31, 33.

Capítulo 6: El mismo sentir produce confianza

1. Jack Hayford, *Prayer Is Invading the Impossible* (Nueva York: Ballantine Books, 1983), pp. 50–51 [*La oración invade lo imposible* (Grand Rapids: 1985)]. Visite la página Web del doctor Jack Hayford en www.jackhayford.org.
2. Thomas B. White, *The Believer's Guide to Spiritual Warfare* (Ann Arbor, MI: Servant Publications, 1990), p. 155.

Capítulo 7: Otras estrategias para la batalla

1. Arthur Wallis, *El ayuno escogido por Dios: Una guía práctica y espiritual para el ayuno* (Nashville: Grupo Nelson, 1974), pp. 57-58.
2. Dick Eastman, "Lágrimas y quebrantamientos en la guerra victoriosa", en *La Biblia Plenitud*, Salmo 126.5, 6.
3. Ibid.

Capítulo 8: Seguridad de la victoria

1. Mathews, *Born for Battle*, pp. 26–28.
2. Gurnall, *The Christian in Complete Armour*, p. 127.

Capítulo 9: Seguridad de la salvación

1. T. W. Wilson, citado en *Topical Encyclopedia of Living Quotations*, Sherwood Wirt y Kersten Beckstrom, editores (Minneapolis, MN: Bethany House, 1982), p. 11.

Capítulo 10: Cómo vencer la depresión y el agotamiento

1. Archibald D. Hart, *Coping with Depression in the Ministry and Other Helping Professions* (Waco, TX: Word Books, 1984), pp. 4–5.
2. Mrs. Howard Taylor, *Behind the Ranges: Fraser of Lisuland, S. W. China* (London: OMF Books, 1944), pp. 90–91.

Capítulo 11: Libertad de la ansiedad y el temor

1. Traducción libre de Richard K. Avery y Donald S. March, "Every Morning Is Easter Morning", © 1972 de la versión en inglés por Hope Publishing Co., Carol Stream, IL 60188.
2. D. James Kennedy, *Turn It to Gold* (Ann Arbor, MI: Servant Publications, 1991), pp. 83–84.

Capítulo 12: Libertad de la culpa

1. Diane Mandt Langberg, *Feeling Good, Feeling Bad* (Ann Arbor, MI: Servant Publications, 1991), pp. 192–193.
2. Edwin Louis Cole, *Maximized Manhood: A Guide to Family Survival* (Springdale, PA: Whitaker House, 1982), pp. 118, 120.

Capítulo 13: Cómo vencer el dolor del alma y la desilusión

1. Alfred Ells, *One-Way Relationships: When You Love Them More Than They Love You* (Nashville: Thomas Nelson, 1990), p. 114.
2. H. Dale Wright, "Grief in Dysfunctional Families" (presentación de seminario dictada en Midwestern Baptist Theological Seminary, Kansas City, Missouri, 28 abril 1988).
3. Ells, *One-Way Relationships*, pp. 124–25.

Capítulo 14: Cómo recuperar la autoestima

1. Langberg, *Feeling Good, Feeling Bad*, p. 152.

Capítulo 15: Tácticas de guerra para su matrimonio y sus relaciones rotas

1. Archibald D. Hart, *Healing Life's Hidden Addictions: Overcoming the Closet Compulsions That Waste Your Time and Control Your Life* (Ann Arbor, MI: Servant Publications, 1990), p. 164.

2. Quin Sherrer y Ruthanne Garlock, *How to Pray for Your Family and Friends* (Ann Arbor, MI: Servant Publications, 1990), p. 52 [*Cómo orar por sus seres queridos* (Grand Rapids: Vida, 1995)].

Capítulo 17: Estando firmes contra la infertilidad y el aborto

1. "Human Life and Bioethics", *The Family Research Council*, 2009. http://www.frc.org/life—bioethics#abortion (acceso obtenido el 17 marzo 2009).

2. Keith Moore y T.V.N. Persaud, *The Developing Human: Clinically Oriented Embryology*, 6a edición (Philadelphia: W.B. Saunders Co. 1998), pp. 77, 350 [*Embriología clínica* (Nueva York: McGraw-Hill, 1999)].

3. Marjorie A. England, *Life Before Birth*, 2a edición (London: Mosby-Wolfe, 1996) [*Gran atlas de la vida antes de nacer* (Barcelona: Océano, 1999)].

4. "Research on PostAbortion Issues", *AfterAbortion.org*, 1997–2009. http://www.afterabortion.org/reasmor.html (acceso obtenido 17 marzo 2009). Este sitio Web es patrocinado por Elliot Institute, P.O. Box 73478, Springfield, IL 62791.

Capítulo 18: Soltero y en victoria

1. Michael Cavanaugh, *God's Call to the Single Adult* (Springdale, PA: Whitaker House, 1986), p. 81 [*El llamado de Dios al adulto soltero* (Grand Rapids: Vida, 1992)].

2. Michael Cavanaugh, fundador de Mobilized to Serve, "You Are Complete in Him" (conferencia al cuerpo estudiantil presentada en Christ for the Nations Institute, Dallas, Texas, 30 marzo 1992). (Para comunicarse con este ministeiro, escriba a: Mobilized to Serve, Elim Fellowship, 7245 College Street, Lima, NY 14485.)

3. Archibald D. Hart, *Healing Adult Children of Divorce: Taking Care of Unfinished Business So You Can Be Whole Again* (Ann Arbor, MI: Servant Publications, 1991), pp. 179–80.

Capítulo 19: Provisión material

1. E. W. Bullinger, *The Companion Bible-KJV* (Grand Rapids, MI: Zondervan Bible Publishers, 1964), apéndice, p. 170.1.

2. Harold Lindsell, *Lindsell Study Bible: The Living Bible Paraphrased* (Wheaton, IL: Tyndale House, 1980), p. 1052.

Capítulo 20: Protección y seguridad

1. Thomas B. White, *The Believer's Guide to Spiritual Warfare* (Ann Arbor, MI: Servant Publications, 1990), p. 105.

Capítulo 21: Sanidad

1. Sherman, *Spiritual Warfare*, pp. 147–48.
2. Quin Sherrer y Ruthanne Garlock, *Lord, I Need Your Healing Power: Securing God's Help in Sickness and Trials* (Lake Mary, FL: Charisma Books, 2006), p. 101.
3. Ibid., p. 105.

Capítulo 22: Liberación

1. Bounds, *Winning the Invisible War*, p. 33.
2. Sherrer y Garlock, *Lord, Help Me Break This Habit*, pp. 103–104.
3. Ibid.
4. Sherman, *Spiritual Warfare*, p. 85.
5. Neil T. Anderson, *The Bondage Breaker: Overcoming Negative Thoughts, Irrational Feelings, Habitual Sins*, 2a edición (Eugene, OR: Harvest House, 2000), pp. 258–59 [*Rompiendo las cadenas* (Miami: Unilit, 2001)].

Capítulo 23: Intercesión por otros

1. Joy Dawson, en *New Spirit-Filled Life Bible* (*NKJV*), Jack Hayford, editor (Nashville, TN: Thomas Nelson, 2002), p. 1078.
2. James Strong, *Nueva Concordancia Strong Exhaustiva de la Biblia* (Nashville: Grupo Nelson, 2002), referencia del hebreo número 6293.
3. Dick Eastman, "La revelación divina y la guerra espiritual", en *La Biblia Plenitud*, Jeremías 33.3.
4. Dutch Sheets, *Intercessory Prayer: How God Can Use Your Prayers to Move Heaven and Earth* (Ventura, CA: Regal, 1996), p. 170 [*La oración intercesora: Cómo Dios puede usar sus oraciones para mover el cielo y la tierra* (Miami: Unilit, 1997)].
5. Ibid., pp. 208–209.
6. Judson Cornwall, *Praying the Scriptures: Communicating with God in His Own Words* (Lake Mary, FL: Creation House, 1990), pp. 212–13.

Capítulo 24: Batallando contra el engaño

1. *The E. W. Bullinger Companion Bible* (Grand Rapids, MI: Zondervan, 1964), apéndice, pp. 19, 25.

Capítulo 26: Oración por los líderes espirituales

1. William Gurnall, *The Christian in Complete Armour*, vol. 1, edición condensada por Ruthanne Garlock, et al. (Carlisle, PA: Banner of Truth Trust, 1986), p. 84.
2. C. Peter Wagner, *Prayer Shield: How to Intercede for Pastors, Christian Leaders, and Others on the Spiritual Frontlines* (Ventura, CA: Regal Books, 1992), p. 50 (referencia tomada de la versión en manuscrito) [*Escudo de oración* (Nashville: Grupo Nelson, 2011)]. Usado con permiso del doctor Wagner.
3. Joy Dawson, *Intercession, Thrilling and Fulfilling* (Seattle, WA: YWAM Publishing, 1997), pp. 101–102.

4. Cindy Jacobs, *Conquistemos las puertas del enemigo* (Nashville: Grupo Nelson, 1993), pp. 144, 146-47.

5. Terry Tekyl, *Preyed On or Prayed For* (Muncie, IN: Prayer Point Press, 2000), p. 136. Visite el sitio Web del doctor Tekyl en www.renewalministries.com.

Capítulo 27: Movilización de grupos de Oración

1. Jamie Buckingham, *The Nazarene: Intimate Insights into the Savior's Life* (Ann Arbor, MI: Servant Publications, 1991), pp. 87–89.

2. Una buena fuente de información para establecer grupos de oración intercesora en su iglesia se halla en *The Power of Church Intercession*, un panfleto publicado por Breakthrough, Inc., P.O. Box 121, Lincoln, VA 20160, www.intercessors. org/publications.php.

Capítulo 28: Oración por su vecindario, su ciudad y su nación

1. Steve Hawthorne y Graham Kendrick, *Caminata en oración* (Nashville: Grupo Nelson, 1995), pp. 20-23. Visite el sitio Web de Steve Hawthorne en www. waymakers.org.

2. Alvin Vander-Griend, *Intercessors for America*, boletín noticioso, marzo 1999. Visite el sitio Web de Harvest Prayer Ministries en http://harvestprayer.com.

3. Ibid.

4. John Dawson, *La reconquista de tu ciudad* (Nashville: Grupo Nelson, 1992), pp. 98-99.

ACERCA DE LAS AUTORAS

Quin Sherrer es autora y coautora de veintisiete libros, la mayoría sobre el tema de la oración. Se ha presentado en más de 300 estaciones de radio y televisión y continúa impartiendo seminarios en todo el país. Ella y su esposo, LeRoy, tienen seis nietos y residen en Niceville, Florida.

Ruthanne Garlock vive cerca de San Antonio, Texas, es autora y se destaca como profesora internacional de la Biblia. Juntas, Ruthanne Garlock y Quin Sherrer son coautoras de veinte libros, incluyendo sus obras de mayor éxito editorial *Cómo orar por nuestros hijos* y *Guerra espiritual: Una guía para la mujer.*